ABHANDLUNGEN
DER AKADEMIE DER WISSENSCHAFTEN DER DDR
Abteilung Veröffentlichung der Wissenschaftlichen Räte
Jahrgang 1983 · Nr. W 3

Ökonomische Strategie der 80er Jahre und Effektivität des Wirtschaftsrechts

AKADEMIE-VERLAG · BERLIN 1984

Herausgegeben im Auftrage des Präsidenten
der Akademie der Wissenschaften der DDR
von Vizepräsident Prof. Dr. Heinrich Scheel

Verantwortlich für dieses Heft:
Prof. Dr. Gerhard Schüßler
Vorsitzender des Rates für staats- und rechtswissenschaftliche Forschung
an der Akademie der Wissenschaften der DDR

ISSN 0302-8054
Erschienen im Akademie-Verlag, DDR – 1086 Berlin, Leipziger Str. 3–4

Lizenznummer: 202 · 100/79/83
Printed in the German Democratic Republic
Gesamtherstellung: VEB Druckerei „Gottfried Wilhelm Leibniz"
4450 Gräfenhainichen · 5978
LSV 0435
Bestellnummer: 754 306 1 (2001/83/3/W)

00750

Inhaltsverzeichnis

Vorwort

Die am 25. Juni 1982 durchgeführte wissenschaftliche Tagung des Rates für staats- und rechtswissenschaftliche Forschung an der Akademie der Wissenschaften der DDR beschäftigte sich mit theoretisch und praktisch bedeutsamen Problemen des sozialistischen Rechts bei der Durchsetzung der ökonomischen Strategie des X. Parteitages der SED. Es wurde aufgezeigt, wie in der Volkswirtschaft nicht nur die gesellschaftsgestaltende und organisierende Rolle, sondern auch die ideologische Seite des sozialistischen Rechts zunehmend größere Bedeutung erhält. Im einzelnen wurden auf der Tagung Probleme der Wirksamkeit und Entwicklung des sozialistischen Wirtschaftsrechts behandelt und darüber hinaus eine Reihe theoretisch wichtiger Problemstellungen der Rechtsentwicklung erörtert.

Die in der Publikation veröffentlichten Beiträge konzentrieren sich dabei auf folgende Schwerpunkte: Die Rolle des sozialistischen Rechts bei der Gewährleistung volkswirtschaftlicher Entscheidungen und bei der Herausbildung und Festigung sozialistischer Denk- und Verhaltensweisen.

Uwe-Jens Heuer

Die Wirtschaftsstrategie des X. Parteitages und die Erhöhung der Wirksamkeit des Wirtschaftsrechts

Die Hauptfrage der Entwicklung der sozialistischen Gesellschaft ist die Entwicklung der Ökonomie. „Im Zentrum der Gesellschaftspolitik der SED steht unsere Ökonomie, die große Arbeit unseres Volkes für einen hohen wirtschaftlichen Leistungsanstieg. Hier vor allem fallen die Entscheidungen über die weiteren Fortschritte bei der Gestaltung des entwickelten Sozialismus."[1] Von der Leistungsfähigkeit der Wirtschaft hängt die Lösung aller anderen Aufgaben ab. An ihr wird auch der Beitrag des Rechts gemessen. Dabei geht es nicht einfach um eine direkte Umsetzung ökonomischer in juristische Überlegungen. Staat und Recht sind keine bloßen Reflexe der Ökonomie – und die Staats- und Rechtswissenschaft ist kein Reflex der ökonomischen Theorie. Theoretisches Denken ist notwendig auch strategisches Denken. Dabei kommt es darauf an, eine solche Strategie auf dem Gebiet des Rechts zu entwickeln, die der Strategie auf dem Gebiet der Ökonomie adäquat ist.

Auf dem X. Parteitag wurden 10 Schwerpunkte der ökonomischen Strategie der 80er Jahre entwickelt. Sie geht von der Notwendigkeit aus, trotz hoher Belastungen den Kurs der Hauptaufgabe, der Einheit von Wirtschafts- und Sozialpolitik fortzusetzen. Zugleich wurde auf dem Parteitag mit aller Deutlichkeit formuliert, daß die „Sicherung des Erreichten auf materiellem und kulturellem Gebiet sowie seine Mehrung einen volkswirtschaftlichen Leistungsanstieg wie nie zuvor" verlangen.[2]

Dabei wird diese Grundlinie vom notwendigen Übergang zur intensiv erweiterten Reproduktion bestimmt. „Die Intensivierung der gesellschaftlichen Produktion ist der Hauptweg der wirtschaftlichen Entwicklung der DDR."[3] Während die erweiterte Reproduktion generell dadurch gekennzeichnet ist, daß sich die Produktion auf höherer Stufenleiter vollzieht, gilt für die intensiv erweiterte Reproduktion, daß die Leistungen, die Produktionsergebnisse schneller wachsen als der Ressourceneinsatz. Vor allem dürfen Einsparungen an lebendiger Arbeit nicht durch Mehraufwand an vergegenständlichter Arbeit wieder aufgehoben werden. „Beim extensiven Typ ist die weitere Hebung des materiellen und kulturellen Lebensniveaus nur dann und solange möglich, wie der Zuwachs der Beschäftigten in den produktiven Bereichen den Bevölkerungszuwachs und den Beschäftigtengrad der Bevölkerung übersteigt."[4] Das ist für die DDR ausgeschlossen. Nur auf dem Wege der Intensivierung können die wachsenden und sich weiter differenzierenden Bedürfnisse besser befriedigt, können Produktionssteigerung und Persönlichkeitsentwicklung, entsprechend den Anforderungen sozialistischer Lebensweise, miteinander verbunden werden.

Zugleich ist die Intensivierung auch der Weg – wenn auch kein einfacher Weg – zur besseren Befriedigung des Bedürfnisses nach schöpferischer Arbeit. Sie beinhaltet die wachsende Rolle der lebendigen Arbeit, vor allem der schöpferischen Arbeit. Je weniger eine Steigerung der Ressourcen an Rohstoffen, an Material möglich ist, je weniger es möglich ist, die Zahl der Arbeitskräfte zu erhöhen, desto mehr wird die *Qualität* der lebendigen Arbeit zur entscheidenden Quelle des Wachstums, desto mehr ist ein gerade auf die Nutzung dieser Quelle orientiertes System der Leitung unabdingbar.

Noch hat kein sozialistisches Land diesen Übergang bewältigt. Auf die Größe dieser Aufgabe wies Genosse E. Honecker bereits 1978 hin, als er vor den 1. Kreissekretären erklärte: „Der vollständige Übergang unserer Volkswirtschaft auf die intensive Reproduktion ist keinesfalls einfacher als die Schaffung der sozialistischen Planwirtschaft."[5] Dieser Prozeß, den Marx für den Kapitalismus als den Übergang von der Produktion des absoluten zu der des relativen Mehrwerts beschrieb, ist außerordentlich umfassend und widerspruchsvoll. Aber es gibt nur diesen Weg der Gestaltung des Sozialismus. Nur die intensiv erweiterte Reproduktion entspricht dem Wesen des entwickelten Sozialismus. Insofern ist die sozialistische Ökonomie erst dabei, ihre Klassizität herauszubilden.[6] Eine realistische Einsicht in unser eigenes Gebiet und seine Beziehung zur Ökonomie sollte uns auch veranlassen, gleiches für Staat und Recht zu sagen.

Den Ausgangspunkt der vom X. Parteitag entwickelten Strategie bildet dabei die Notwendigkeit, durch moderne Wissenschaft einen neuen Schritt bei der Verbindung der Vorzüge des Sozialismus mit den Errungenschaften der wissenschaftlich-technischen Revolution zu tun und damit den notwendigen Vorlauf für die künftige intensiv erweiterte Reproduktion zu gewinnen. Ihre Möglichkeiten sind unmittelbar zur Hauptreserve für Leistungswachstum und Effektivität unserer Volkswirtschaft geworden. „Jeder ernsthafte und tiefgreifende Fortschritt in der Entwicklung der modernen Produktivkräfte hat heute und in Zukunft seine Wurzeln in wissenschaftlichen Erkenntnissen."[7] Auf dieser Grundlage geht es um bedeutende Steigerung der Arbeitsproduktivität, um höhere Veredelung der Rohstoffe, um hohe Qualität der Produkte, Senkung des Produktionsverbrauchs, sozialistische Rationalisierung, um Investitionen, die höchste Ökonomie sichern und Arbeitsplätze einsparen, um die Erzeugung wesentlich mehr und besserer Konsumgüter, um auf Effektivität begründetes Wirtschaftswachstum.

Dabei ergeben sich aus der Aufgabenstellung, die Vorzüge des Sozialismus enger mit den Errungenschaften der wissenschaftlich-technischen Revolution zu verbinden, eine Vielfalt von Konsequenzen. Sie reichen wiederum weit über das Gebiet der Ökonomie hinaus. In der ganzen Welt hat sich das Tempo und die Breite des wissenschaftlich-technischen Fortschritts beschleunigt. Zu Recht hat es meines Erachtens O. Reinhold als unverständlich bezeichnet, „daß im Widerspruch zu den Tatsachen seit Jahren die Behauptung wiederholt wird, in großen Teilen der kapitalistischen Wirtschaft würde sich das Tempo des wissenschaftlich-technischen Fortschritts verlangsamen"[8], und eine solche Feststellung nicht nur für absolut falsch, sondern auch für desorientierend erklärt.

Die heutigen sozialistischen Produktionsverhältnisse bieten für sich genommen nicht die Gewähr einer raschen Entfaltung der wissenschaftlich-technischen Revolution. Der Wettkampf mit dem Imperialismus wird in einem hohen Maße dadurch entschieden, wie es gelingt, durch die Entwicklung der sozialistischen Produktionsverhältnisse, vor allem des Systems der Leitung, diese Revolution voranzutreiben. Dabei treten vielfältige, auch für Staat und Recht bedeutsame dialektische Widersprüche auf. Auf der einen Seite erfordert die wissenschaftlich-technische Revolution die rasche Umwälzung in wichtigen Bereichen der Volkswirtschaft zur Schaffung einer modernen Wirtschaftsstruktur. Auf dem 4. Plenum des ZK der SED wurde die Notwendigkeit hervorgehoben, „die Struktur unserer Ökonomie mit größerem Tempo zu verändern."[9] Auf der anderen Seite sind die revolutionären Veränderungen mit einer wachsenden Bedeutung der Stabilität verbunden. Dynamik und Stabilität bedingen einander. Nur größere Dynamik in bestimmten Bereichen vermag die Stabilität in anderen Bereichen zu sichern, die ihrerseits wiederum Bedingung dieser Dynamik ist.

H. Koziolek wies darauf hin, daß im Zuge von Basisinnovationen oft neue Industriezweige entstehen bzw. tiefgreifende Wandlungen in allen Bereichen der gesellschaftlichen Produktivkräfte ausgelöst werden.[10]

Damit wird aber zugleich deutlich, daß derartige Umwälzungen sich nicht auf einen isolierten Bereich beschränken lassen, daß sie sich in dieser oder jener Weise – fordernd und fördernd – auf die gesamte Volkswirtschaft, ja auf die internationale Verflechtung auswirken müssen. Es geht damit um die Verbindung des neu Hervorgebrachten mit den vorhandenen materiell-gegenständlichen Bedingungen der Reproduktion, um ausgewogene Relationen zwischen revolutionären und evolutionären technischen Lösungen. Der vorhandene Wirtschaftsorganismus ermöglicht nicht nur die Einführung von Neuerungen, seine Aufnahmefähigkeit setzt ihr auch Grenzen. H. Nick weist darauf hin, „wie außerordentlich wichtig es ist, all den Fragen sorgfältig nachzugehen, die die Aufnahmefähigkeit, die Anpassungsfähigkeit des vorhandenen Reproduktionsprozesses an wissenschaftlich-technischen Neuerungen", nicht zuletzt auch deren Ausbreitungsgeschwindigkeit bestimmen.[11] Auf dem XXVI. Parteitag der KPdSU wurde von der Wissenschaft gefordert, ein ständiger „Unruhestifter" zu sein und zugleich verlangt, diese Arbeit zu einem untrennbaren Bestandteil des Leitungsmechanismus zu machen.[12] Auch diese Aufgabe ist nur mittels hochqualifizierter längerfristiger Planung zu lösen.

Das alles macht deutlich, daß die zuweilen angetroffene Auffassung, die Dynamik der wissenschaftlich-technischen Revolution schränke die Rolle des Rechts und seiner stabilisierenden, ordnenden Wirkung ein, prinzipiell falsch ist. Was nützt eine schnelle Entwicklung auf wissenschaftlichem Gebiet, wenn koordinierende Festlegungen für entsprechende Forschungen in anderen Einrichtungen und zur Bereitstellung entsprechender Mittel und Materialien erst für die Forschung selbst und dann für entsprechende Investitionen nicht eingehalten werden? Was nützen Investitionen beim Finalproduzenten, wenn notwendige Investitionen in Zulieferbetrieben nicht durchgeführt werden?

Jede Neuerung steht im Widerspruch zur bestehenden Struktur. Dieser Widerspruch ist um so schärfer, je ausgelasteter eine Volkswirtschaft ist. Die Lösung kann nur in zunehmender langfristiger Beherrschung der Komplexität liegen. Durch grundlegende Entscheidungen der Partei und des Staates kann und muß die Linie für grundlegende Umwälzungen in der Produktionsstruktur festgelegt werden. Das ist ein entscheidender Vorzug des Sozialismus. Ihre effektive Einbettung in die gesamte Volkswirtschaft ist ohne Regelung und Stabilisierung der Koordinierung und ohne die hiervon ausgehenden Warnsignale nicht möglich oder nur unter großem nationalem oder Importaufwand, der letztlich ökonomisch die Ergebnisse ganz oder teilweise wieder aufhebt. Sie ist ebensowenig möglich ohne entsprechende auf Schöpfertum und Neuerertum gerichtete Verhaltensweisen und Haltungen auf allen Ebenen, ohne Mut zum Neuen; sie erfordert kritisches Verhalten gegenüber Althergebrachtem und kämpferisches Auftreten gegen Mittelmaß und Konservatismus sowie Verhaltensweisen, die als Massenerscheinung dem sozialistischen Eigentum entsprechen, aber ein entsprechendes Leitungssystem erfordern.

Die Lösung dieser Aufgaben, darauf sei ausdrücklich hingewiesen, schließt notwendig ein zunehmendes Gewicht der internationalen Arbeitsteilung, vor allem im Rahmen der sozialistischen ökonomischen Integration, ein. Für ein kleines Land wie die DDR, das über ein Drittel seines Nationaleinkommens über den Außenhandel umwandelt, das 60 % seiner Rohstoffe importiert, sind die erforderlichen Strukturveränderungen nur im Rahmen hochentwickelter internationaler Arbeitsteilung zu verwirklichen. Die sozialistische ökonomische Integration ist „eine entscheidende Bedingung für die stabile ökonomische und soziale Entwicklung der DDR. Die weitere Entwicklung und ständige Vertiefung der Zusammenarbeit der DDR mit der UdSSR spielt dabei eine ausschlaggebende Rolle."[13] Das Tempo der Entwicklung der Integration hängt von objektiven Bedingungen, den vorhandenen Ressourcen und dem Reifegrad der Produktionsverhältnisse, aber zunehmend auch, und das ist für unsere Überlegungen entscheidend, „von der Gestaltung der Überbaubeziehungen, vor allem der zweckmäßigsten Leitung, Planung und Organisation ab"[14].

Unter den gegenwärtigen Bedingungen stellt sich die Frage des Tempos bei der Verwirklichung der hier skizzierten Aufgabenstellungen mit besonderer Härte. Das betrifft die Anforderungen, die die erhebliche Verschärfung der internationalen Situation an die Volkswirtschaft der DDR stellt; die sprunghaft angewachsenen und weiter steigenden Rohstoffpreise – der Erdölpreis auf dem kapitalistischen Markt ist innerhalb von 10 Jahren auf das 18,7fache, der für Fertigerzeugnisse nur auf das 2,9fache gestiegen und auch im Handel mit den RGW-Ländern ist mit einer weiteren beträchtlichen Preissteigerung zu rechnen[15] – und die Hochzins- und Kreditrestriktionspolitik vor allem des US-amerikanischen Imperialismus. Ein ganz wesentlicher Teil der Strategie der aggressiven imperialistischen Kreise zielt indirekt oder direkt auf die Wirtschaft der sozialistischen Staatengemeinschaft. „Sie hoffen, daß eine Destabilisierung der sozialistischen Wirtschaft zu einer Erschütterung der sozialistischen Gesellschaftsordnung führen könnte und sie spekulieren darauf, daß gegenwärtig, da in der Wirtschaft der sozialistischen Länder Europas anspruchsvolle und komplizierte Aufgaben zu lösen sind, dafür eine günstige Situation besteht."[16]

Bei der Auseinandersetzung mit dieser Politik können wir uns auf die großen wirtschaftlichen Erfolge der DDR stützen. Zugleich ergeben sich harte Anforderungen vor allem in bezug auf die außenwirtschaftliche Leistungsfähigkeit. „Was zur Bewältigung der außenwirtschaftlichen Anforderungen beiträgt, was gut für unseren Außenhandel ist, das ist von ausschlaggebender Bedeutung für unsere Volkswirtschaft, ist gut für die DDR", wurde auf dem 3. Plenum des ZK der SED erklärt.[17] Diese Aufgabenstellung führte und führt in bestimmtem Umfang zu einer Zunahme operativer Steuerung in der Wirtschaft. Es ist uns im Jahre 1981 erstmalig gelungen, einen, wenn auch knappen, Überschuß im NSW-Außenhandel zu erzielen.

Auf die Dauer aber ergibt sich die Exportkraft einer Volkswirtschaft aus ihrer inneren Effektivität, aus dem erreichten Stand der Arbeitsproduktivität und, heute entscheidend, aus der Meisterung von Wissenschaft und Technik. Die Veränderung der Situation ist nicht kurzfristiger Natur und deshalb auf die Dauer letztlich auch nicht mit kurzfristigen Maßnahmen zu beherrschen. Unser Problem sind letztlich nicht die Erdölpreise, sondern das Niveau unserer Arbeitsproduktivität. Deshalb muß man „die Erfordernisse des Tages im Blickfeld haben und sich zugleich durch konkrete wissenschaftlich-technische und produktionsorganisatorische Maßnahmen auf den Absatz 1983 und darüber hinaus vorbereiten."[18] Diese Vorbereitung aber wird durch den richtigen Einsatz von Wissenschaft und Technik, durch die umfassende Ausnutzung aller Vorzüge des Sozialismus entschieden. Der Maßstab ist die durchgreifende Verbesserung der wirtschaftlichen Effektivität, des Verhältnisses von Aufwand und Ergebnis.

Das erfordert Einordnung – nicht Aufhebung – der Operativität, höhere Langfristigkeit und Komplexität, zunehmende Organisiertheit und wachsenden Raum für Schöpfertum. Je mehr der Prozeß der Intensivierung voranschreitet, je höher die Wirtschaft entwickelt ist, je mehr der Grad der Arbeitsteilung und damit auch der wechselseitigen Verflechtung und Abhängigkeit national und international zunimmt, je größer die Rolle der Wissenschaft ist, desto bedeutsamer ist die komplexe und frühzeitige Abstimmung der Entscheidungen, desto höher muß ihr Niveau, ihr wissenschaftlicher Gehalt, der demokratische Charakter ihrer Erarbeitung und Durchsetzung sein, desto höhere Anforderungen werden an das System der Leitung und Planung, werden an die politische Organisation des Sozialismus gestellt.

Das ist der Punkt, an dem wir die Frage nach der Rolle des Rechts, speziell des Wirtschaftsrechts, zu stellen haben. Die Wirtschaftsstrategie der 80er Jahre muß notwendig in eine entsprechende Gesellschaftsstrategie der Gestaltung des entwickelten Sozialismus eingebettet sein. „Im Zentrum der Gesellschaftspolitik der SED steht unsere Ökonomie", wurde auf dem X. Parteitag der SED erklärt. „Zugleich wirkt das Gedeihen aller anderen gesellschaftlichen Bereiche immer stärker auf das Tempo des Produktionswachstums zurück."[19] Die Gesellschaftswissenschaft muß mithelfen, „die ökonomischen, staatlich-rechtlichen und ideologisch-kulturellen Bedingungen und Faktoren zu schaffen, damit der wissenschaftlich-technische Fortschritt voll zur Wirkung kommt und seine Folgen auf sozialistische Art bewältigt werden ... Das ist eine große, komplexe Aufgabe, die von einer Disziplin allein – etwa den Wirtschaftswissenschaften, so groß deren Anteil auch ist – nicht gelöst werden kann. Sie erfordert das Zusammenwirken im Grunde aller Gesellschaftswissenschaften und eine enge Gemeinschaftsarbeit mit den Natur- und Technikwissenschaften."[20] In dieser von der ökonomischen Strategie bestimmten aber nicht auf sie zu reduzierenden Gesellschaftsstrategie ist auch der Platz des sozialistischen Rechts. Hier ist das Recht langfristig, entsprechend seinen Möglichkeiten und Grenzen, einzuordnen, um alle Vorzüge des Sozialismus voll zur Geltung zu bringen.

Die Vorzüge unserer Ordnung sind grundlegende Wesensmerkmale des Sozialismus, die jedoch nicht von selbst wirksam werden. Es kann nicht genügen, die Vorzüge des Sozialismus abstrakt aus dem Wesen des Sozialismus abzuleiten und damit das Problem für gelöst zu halten. Sowohl für die ideologische Auseinandersetzung als auch für die praktische Veränderung unserer gesellschaftlichen Wirklichkeit ist davon auszugehen, daß unser gesellschaftliches Eigentum die Vorzüge des Sozialismus als potentielle Vorzüge hervorbringt, daß es unsere historische Aufgabe ist, im Klassenkampf mit dem Imperialismus diese Möglichkeit allseitig in Wirklichkeit umzuwandeln, unsere Kräfte voll in die Waagschale dieses ungeheuren Kampfes zu werfen. Das aber ist in hohem Umfang eine Frage der Leitungstätigkeit oder, besser umfassend formuliert, eine Frage der Nutzung aller Potenzen unseres politisch-ideologischen Überbaus.

In der internationalen Diskussion werden zuweilen ökonomische Gesetze und Rolle des Überbaus gegenübergestellt; beispielsweise in Gestalt ökonomischer, vom Markt überprüfter Effizienz und sozialistischer ethischer Werte.[21] Wir gehen davon aus, daß vom sozialistischen Überbau eine in der Basis fundierte effektivitätsfördernde Wirkung ausgehen kann und muß. Das stellt natürlich hohe Anforderungen an den Überbau. Gerade die wissenschaftlich-technische Revolution erlaubt es und erfordert es, die Möglichkeiten, die potentiellen Vorzüge des sozialistischen Überbaus voll in die Waagschale zu werfen.

K. Marx hat einmal am Beispiel der Sicherung notwendiger Proportionen davon gesprochen, daß sich im Sozialismus die ökonomischen Gesetze den Produzenten nicht mehr als blindes Gesetz aufzwingen, sondern als „von ihrem assoziierten Verstand begriffenes und damit beherrschtes Gesetz"[22].

Assoziierter Verstand, das heißt hier nicht nur Wissenschaft. „Die bloße Erkenntnis", schrieb Engels im Anti-Dühring, „und ginge sie weiter und tiefer als die der bürgerlichen Ökonomie, genügt nicht, um gesellschaftliche Mächte der Herrschaft der Gesellschaft zu unterwerfen. Dazu gehört vor allem eine gesellschaftliche *Tat*."[23] Assoziierter Verstand, das heißt ebenso Partei und Staat, Demokratie und Moral aber eben auch Recht, das heißt alles, was in unserer Gesellschaft dialektisch zusammenwirkt, um sie als Ganzes den gesellschaftlichen Interessen gemäß zu gestalten. Es ist der ganze politische und ideologische Überbau unter Führung der Partei, von deren Kraft, Klugheit und Organisiertheit der Sieg im Kampf mit dem Imperialismus in hohem Umfang abhängt. Gerade weil die ökonomischen Gesetze immer weniger „hinter unserem Rücken" wirken – wenn auch von jenseits der Grenze nach wie vor in alter Weise –, hängt gerade deshalb die Durchsetzung unserer eigenen Interessen so stark von unserer bewußten Kraft ab, muß der Überbau, objektiv bedingt, eine qualitativ größere Rolle als im Kapitalismus spielen.

Die Erhöhung der Wirksamkeit des Rechts zur Durchsetzung der Wirtschaftsstrategie ist in diese Gesamtfunktion des „assoziierten Verstandes", des politisch-ideologischen Überbaus der sozialistischen Gesellschaft einzubetten. Die Rolle des Rechts ist nicht nur unmittelbar von seiner Stellung zur Ökonomie, sondern auch von seiner Stellung im Rahmen des gesamten Überbaus abgeleitet.

Ich betone das so ausdrücklich, weil wissenschaftliche Überlegungen zur Rolle des Rechts, speziell des Wirtschaftsrechts, immer zugleich auf die Lösung aktueller Widersprüche und Probleme der Praxis und auf schrittweise Verwirklichung langfristiger Zielstellungen abzielen müssen. Wird das Zweite vernachlässigt, so vermag die Wissenschaft ihre spezifischen Vorzüge, ihr historisches Denken, ihr systematisches Denken nicht einzubringen. Wird das Erste vernachlässigt, so findet sie kein Gehör bei denjenigen, die Tag für Tag die schweren Aufgaben der Leitung unserer Gesellschaft zu bewältigen haben.

Die nachfolgenden Ausführungen sollen sich auf Fragen des Wirtschaftsrechts beschränken, wobei davon ausgegangen wird, daß das Wirtschaftsrecht Teil unseres einheitlichen Rechtssystems ist und viele theoretische Fragen gar nicht rechtszweigspezifisch beantwortet werden können; es sind unser aller Fragen und wir können sie nur gemeinsam lösen. Im Vordergrund stehen dabei zwei Fragen: Die Rolle des Rechts bei der Gewährleistung gesellschaftlich, volkswirtschaftlich richtiger Entscheidungen auf allen Ebenen – mit dem Vertragsgesetz im Mittelpunkt – und die Rolle des Rechts bei der Festigung sozialistischer Denk- und Verhaltensweisen.

Die Rolle des Rechts bei der Herbeiführung richtiger Entscheidungen

Die Rolle des Rechts ist mit der sich aus dem gesellschaftlichen Eigentum ergebenden Notwendigkeit der Optimierung nicht einer einzelnen Entscheidung, sondern aufeinander abgestimmter, koordinierter Optimierung vieler Entscheidungen auf allen Leistungsebenen verbunden. Der Komplexität des Reproduktionsprozesses entspricht die Komplexität des Entscheidungsprozesses vor allem im Bereich der Planung. Daraus ergibt sich die Notwendigkeit, daß der Volkswirtschaftsplan in einem mehrstufigen, alle Ebenen der Volkswirtschaft umfassenden vielgliedrigen Planungsprozeß entsteht. Von den Leitern wird sehr oft Kritik an der Schwerfälligkeit unseres Abstimmungs- und Entscheidungsmechanismus geübt. Dabei muß man m. E. zweierlei unterscheiden: Einmal ergibt sich prinzipiell die Notwendigkeit eines solchen Mechanismus aus dem gesellschaftlichen Eigentum, aus der sich daraus ergebenden Notwendigkeit der ständigen Artikulation des assoziierten Verstandes. Die unannehmbare Alternative wäre der kapitalistische Konkurrenzmechanismus, der Kampf aller gegen alle, mit all seinen unvermeidlichen Konsequenzen. Zum zweiten kommt es aber darauf an, und hier ist sicherlich noch vieles notwendig und möglich, diesen Abstimmungs- und Entscheidungsmechanismus reaktionsfähiger, durchsichtiger, zuverlässiger zu gestalten.

Ein wichtiges Instrument ist dazu die weitere Ausgestaltung der juristischen Regelung des Planungsprozesses. Dabei ist es in diesem Zusammenhang außerordentlich wichtig, den Planungsprozeß als sozialen Prozeß zu erfassen. Planentscheidungen sind nicht nur Ausdruck des jeweiligen Erkenntnisstandes, sondern sie werden durch eine Vielzahl sozialer Faktoren bis hin zu individuellen Charakter- und Persönlichkeitsmerkmalen bestimmt. Empirische Untersuchungen weisen sogar darauf hin, daß überwiegend gerade solche Informationen herangezogen werden, die bereits subjektiv vom Leiter eingespeichert sind.[24] Wäre Planung nur ein technischer Prozeß, so bedürfte sie nur einer technischen Regelung, etwa in der Art einer Gebrauchsanweisung. Manche wissenschaftlichen Darstellungen der Planung erwecken diesen Eindruck und auch die planungsrechtlichen Regelungen enthalten viele Festlegungen technischer Art, neben denen die eigentlichen juristischen Bestimmungen zurücktreten.

Es geht also einerseits um die Anerkennung der Planung als sozialen Prozeß, die Herausarbeitung der ökonomisch-sozialen Beziehungen, die der rechtlichen Regelung bedürfen, sowie eine entsprechende Einstellung zum Recht – und auf der anderen Seite, also bei uns Juristen, um die Erarbeitung juristischer Formen, die diesen Prozessen adäquat sind, um das intensive Studium des Planungsprozesses, um solche Vorschläge machen zu können, die geeignet sind, das Ohr der Praxis zu finden. Dabei gehen wir davon aus, daß der soziale Charakter der Planung nicht nur durch das Recht gewährleistet wird. Wichtigster Ausdruck des sozialen Charakters der Planung ist die führende Rolle der Partei. Bei vielen Planungsabläufen ist eine echte rechtliche Regelung nicht wünschenswert, ja nicht einmal möglich. Immer dann aber, wenn der zu regelnde Prozeß als sozialer Prozeß, als Ausdruck gesellschaftlicher Widersprüche in spezifisch rechtlicher Form, also mittels durchsetzbarer Rechte und Pflichten, geregelt werden muß, immer dann ist die rechtliche Regelung erforderlich. Auch hier gilt das Wort von K. Marx: „Regel und Ordnung ist selbst ein unentbehrliches Moment jeder Produktionsweise, die gesellschaftliche Festigkeit und Unabhängigkeit von bloßem Zufall oder Willkür annehmen soll."[25] Nach Auffassung der Wirtschaftsrechtler ist die Notwendigkeit der rechtlichen Regelung des Planungsprozesses vor allem aus vier Merkmalen dieses Prozesses abzuleiten, die in ihrer Einheit diese Notwendigkeit bedingen:

1. die Notwendigkeit, den inneren Zusammenhang einer Vielzahl von Entscheidungen, vor allem der Planentscheidungen, zu sichern;
2. die Entfaltung der individuellen und kollektiven Interessen auf der Grundlage der Verwirklichung der gesellschaftlichen Interessen;
3. die Gewährleistung der Einheit von zentraler staatlicher Leitung und eigenverantwortlicher Wirtschaftstätigkeit der Warenproduzenten;
4. die Sicherung der Einheit von Leitung und wachsender Mitwirkung und Mitentscheidung der Werktätigen, von Disziplin und Schöpfertum.

Welche Rolle haben diese Überlegungen beim Vertragsgesetz als der bedeutsamsten wirtschaftsrechtlichen Kodifikation der letzten Zeit gespielt? Welche Erfahrungen haben wir gemacht, wie muß weiter gearbeitet werden?

Bekanntlich hatte ursprünglich die Absicht bestanden, ein umfassendes Kooperationsgesetz auszuarbeiten. Im Verlauf der Arbeiten wurde dann aber entschieden, auf eine solche komplexe Regelung der Kooperationsbeziehungen, entsprechend der Einheit von Plan, Bilanz und Vertrag, zu verzichten und ein neues Gesetz vorzulegen, das ebenso wie das bisherige den Vertrag in den Mittelpunkt stellt. Gleichzeitig wurde der Vertrag stärker als bisher als Bestandteil des Planungsprozesses gefaßt und auf diese Weise ein wesentlicher Bestandteil der rechtlichen Regelung der Planung erstmalig auf die Ebene des Gesetzes gehoben. Auch weitere Neuregelungen ergaben sich aus der rechtlichen Absicherung der Wirtschaftsstrategie des X. Parteitages.

Andererseits wurde deutlich, daß es nur begrenzt möglich ist, mittels einer Kodifikation Sprünge in der rechtlichen Regelung zu bewirken. Die Kodifikation stellt – das zeigen unsere Erfahrungen und das ist wohl auf anderen Rechtsgebieten nicht wesentlich anders – eine Zusammenfassung bewährter alter Regelungen, neuer Einzelregelungen und neuer Spruchpraxis dar. Gerade weil es heute nicht mehr darum geht, bürgerliches Recht durch sozialistisches Recht zu ersetzen, sondern unser eigenes sozialistisches Recht kontinuierlich zu verbessern, muß viel nachdrücklicher danach gefragt werden, was sich in der bisherigen Regelung nicht bewährt hat und nach den Ursachen geforscht werden. Erst dann kann eine Neuregelung erfolgen. Die sich in der Wirksamkeitsfragestellung ausdrückende neue Art des Herangehens führt notwendig zu sorgsamerer Prüfung des zu Verändernden. Sie muß zugleich für die Wissenschaft Veranlassung sein, ihre langfristigen Vorstellungen sorgfältig auszuarbeiten, dabei auch ins Detail zu gehen und Formen der Erprobung zu überdenken. Auch der internationale Vergleich gewinnt größeres Gewicht.

Aus diesen Überlegungen ergibt sich, daß viele Regelungen des Gesetzes zur Gestaltung der Verträge im einzelnen mit den bisherigen Regelungen übereinstimmen, daß die bisherige Trennung von Gesetz und Durchführungsverordnungen beibehalten wurde, da bei der Vertragstypisierung wie bisher der Linie gefolgt wurde, sowohl nach Art der Leistung als auch nach den Reproduktionsphasen und ihrer Bedeutung einzuteilen.[26]

Neu eingeführt wurde der Dienstleistungsvertrag, neu aufgenommen wurden die bisher gesondert geregelten Verträge über die gemeinschaftliche Lösung von Aufgaben.

Im weiteren soll im einzelnen auf einige Weiterentwicklungen in bezug auf die Regelung des Verhältnisses von Plan, Bilanz und Vertrag eingegangen werden.

Ein wichtiges Merkmal des Wirtschaftsrechts war und ist das unterschiedliche Niveau der vertragsrechtlichen Regelung einerseits und der Regelung der vertikalen Beziehungen andererseits. Die höhere juristische Qualität der vertragsrechtlichen Regelung ist zu einem bestimmten Grad objektiv begründet und auch historisch zu erklären. Zugleich ist offenbar, daß der Leistungsvertrag der Wirtschaftseinheiten die hier entwickelten Koordinierungsbedürfnisse im volkswirtschaftlichen Rahmen nicht entfernt befriedigen kann. Der Leistungsvertrag der Betriebe und in wachsendem Umfang auch der Kombinate ist und bleibt ein unentbehrliches Mittel der Koordinierung (auch der Plankoordinierung) zwischen den Wirtschaftseinheiten, also auf der untersten Ebene. Das heißt aber zugleich, daß ungenügende Koordinierung der Planung auf zentraler Ebene mittels des Leistungsvertrages nur begrenzt oder gar nicht abgefangen werden kann. Die erforderliche Langfristigkeit und Komplexität wird nicht auf der Ebene der Betriebe und nur begrenzt auf der Ebene der Kombinate, sondern letztlich auf der volkswirtschaftlichen Ebene gewährleistet.

Die rechtliche Sicherung der Langfristigkeit, Abgestimmtheit und Koordiniertheit der volkswirtschaftlichen Planung zur Durchsetzung der Wirtschaftsstrategie konnte und kann sich also nicht auf einen weiteren Ausbau, eine weitere Verfeinerung der Regelung des Leistungsvertrages der Wirtschaftseinheiten konzentrieren. Es geht immer mehr darum, daß in möglichst hohem Grade auf den Vorstufen, im Rahmen der Leitungskoordinierung von vornherein möglichst optimale Entscheidungen gewährleistet sind. Auf dem 11. Plenum des ZK der SED forderte Wolfgang Biermann: „Die weittragenden Entscheidungen über die Gestaltung der volkswirtschaftlichen Proportionen müssen rechtzeitig den Rahmen der langfristigen Arbeit der Kombinate bestimmen, damit nicht ständig im Nachgang Korrekturen aus ungenügendem Vorlauf bei persönlichen Entscheidungen ... erforderlich sind ... Aber wie lange werden oft solche langfristigen notwendigen Entscheidungen hinausgezögert."[27] Bilanziertheit und Proportionalität können auch von einem noch so starken Kombinat nicht isoliert beherrscht werden. Für sie tragen alle Leitungsorgane, von der Staatlichen Plankommission bis zu den Kombinaten und Betrieben die Verantwortung. Die rechtliche Ausgestaltung dieser Prozesse ist eine wichtige Aufgabe des sozialistischen Wirtschaftsrechts.

Mit dem neuen Vertragsgesetz (VG)[28] wurden jetzt bestimmte Bausteine einer rechtlichen Regelung der Planung in den Rang des Gesetzes erhoben. Als erstes möchte ich den Koordinierungsvertrag nennen, der die bisherigen unterschiedlichen Formen des Koordinierungsvertrages, der Koordinierungsvereinbarung und des Kooperationsvertrages ablöst. Im § 34 VG ist die Pflicht zum Abschluß derartiger Verträge unter bestimmten Bedingungen vorgesehen, bei Verletzung der übernommenen Pflichten kann Schadensersatz gefordert werden. Aus den Erfahrungen der Praxis ergibt sich, daß derartige Verträge bisher vor allem innerhalb eines Ministeriumsbereiches abgeschlossen werden. Darüber hinaus stößt diese vertragliche Koordinierung an Grenzen, die sich aus der unterschiedlichen vertikalen Einbindung der Partner ergeben. Hier sind für die Zukunft weitere Überlegungen erforderlich, wie der Einbau derartiger Verträge in das Planungssystem weiter entwickelt werden kann.

Stark verbreitet sind Abstimmungsprotokolle, die nicht selten an die Stelle vertraglicher Vereinbarungen treten. Wir Wirtschaftsrechtler haben ihren Abschluß längere Zeit vor allem als ein Ausweichen vor der vertraglichen Bindung gesehen. Wir sind heute der Auffassung, daß die Abstimmungsprotokolle als leichter zu korrigierendes Abstimmungsinstrument eine echte Rolle im rechtlichen Instrumentarium der Planung spielen können. Deshalb wird es von uns begrüßt, daß jetzt durch die Regelung des § 23 Abs. 2 VG diese Protokolle gesetzlich sanktioniert, ihre Verbindlichkeit für spätere Vertragsabschlüsse sowie eine Informationspflicht bei notwendigen Änderungen vorgesehen wurde. Es geht darum, differenzierte Formen der gemeinsamen Entscheidung anzubieten, die gesonderte Rechte und Pflichten aufweisen und in jeweils unterschiedlicher Form in das gesamte Leitungssystem eingebettet sind.

Obwohl anzunehmen ist, daß in Zukunft derartige gemeinsame Planentscheidungen und ihre rechtliche Regelung von größerer Bedeutung für die langfristige Koordinierung sein werden, liegt m. E. das Hauptgewicht auch weiterhin bei Rechtsformen der Mitwirkung an Planentscheidungen. Hier spielt das Entscheidungsverlangen eine wachsende Rolle. Im § 27 VG wurde jetzt bei Verletzung der in diesem Gesetz geregelten Entscheidungs- und Abstimmungspflichten ein solches Entscheidungsverlangen der Wirtschaftseinheiten gegenüber ihrem Kombinat oder übergeordneten Organ mit einer Entscheidungsfrist von einem Monat gesetzlich festgelegt.

Dieses Recht bezieht sich nicht auf den Inhalt der Entscheidung, sondern auf ihr Zustandekommen. Das Entscheidungsverlangen stellt ein wichtiges und ausbaufähiges Instrument der rechtlichen Sicherung optimaler und stabiler Pläne dar. In der Praxis geht es bei zahlreichen Streitigkeiten der Betriebe (nach der Statistik des Staatlichen Vertragsgerichts bei etwa einem Viertel) tatsächlich um die Notwendigkeit derartiger Entscheidungen der übergeordneten Organe oder der Bilanzorgane. Von den Betrieben und Kombinaten wird immer wieder massive Kritik an zu langer Dauer des Entscheidungsprozesses geübt.

Ein Spezialfall dieses Problems ist die Bestätigung langfristiger Konzeptionen. Bei der Erarbeitung der Kombinatsverordnung wurde eine solche Forderung an die Adresse der Ministerien abgelehnt. Die Erfahrungen zeigen aber, daß das fehlende rechtliche Regime, hinsichtlich der Verbindlichkeit derartiger Konzeptionen (oder bestimmter Teile) und ihrer spezifischen Wirkungen, nicht selten zur Oberflächlichkeit bei ihrer Ausarbeitung führt. Außerdem muß in den Kombinaten auf jeden Fall langfristig gearbeitet werden. Erfolgt keine zentrale Entscheidung, so wird – nach der bekannten Formulierung, daß das Leben sich durchsetzt – praktisch jedenfalls in vielen Kombinaten eigenständig und nicht immer entsprechend den volkswirtschaftlichen Prämissen entschieden. Ein derartiges rechtliches Regime wäre also keineswegs ein Instrument des Betriebs- oder Kombinatsegoismus, sondern dient der Durchsetzung – allerdings gemeinsam ermittelter – gesellschaftlicher Interessen.

Die rechtliche Regelung muß nicht nur auf die Herbeiführung rechtzeitiger und optimaler Entscheidungen einwirken, sie muß auch mithelfen, ihre Stabilität zu sichern, sie muß gewährleisten, daß bei notwendigen Korrekturen das gesellschaftliche Interesse gewährleistet ist. Vor allem geht es darum, daß bei den unumgänglichen Eingriffen die Auswirkungen voll in Rechnung gestellt, die Verflechtungen überblickt, positive und negative Wirkungen des Eingriffs abgewogen werden. Diese Problematik spielt seit langem eine besondere Rolle im Zusammenhang mit Eingriffen in abgeschlossene Verträge. Der 1967 eingeschlagene Weg des Ausgleichanspruchs hat sich als nicht praktikabel erwiesen. Dann wurde eine Berücksichtigung abgeschlossener Verträge bei der Bilanzierung gefordert, allerdings ein Abweichen im volkswirtschaftlichen Interesse zugelassen. Im § 12 Abs. 2 VG ist jetzt festgelegt, daß die auf der Grundlage der staatlichen Planaufgaben des Fünfjahrplanes abgeschlossenen langfristigen Wirtschaftsverträge in die Jahrespläne und Jahresbilanzen einzuordnen sind, soweit nicht andere Entscheidungen des Ministerrates oder zentraler Staatsorgane getroffen werden. Das ist eine unter den gegenwärtigen Bedingungen optimale Regelung. Ihre Wirksamkeit ist sehr eng mit der Wirksamkeit des Fünfjahrplanes als Hauptinstrument der Wirtschaftsführung verbunden. Je mehr der Fünfjahrplan eine derartige – immer wieder geforderte – Rolle zu spielen vermag, desto größer ist auch die Rolle der auf ihn gestützten langfristigen Verträge.

Abschließend sei in diesem Zusammenhang auf das Verhältnis von Planung und Vertrag innerhalb der Kombinate eingegangen. Auf dem X. Parteitag wurde dargelegt: „Die Entwicklung erfordert, die Kombinate als Ganzes weiter auszugestalten. Das geht nicht ohne leistungsfähige Betriebe, die als eigenverantwortlich planende und abrechnende Wirtschaftseinheiten der Komibnate arbeiten.“[29] Dem entspricht die Formulierung im § 6 der Kombinatsverordnung vom 8. 11. 1979: „Der Kombinatsbetrieb ist im Rahmen seiner Einordnung in den Reproduktions- und Leitungsprozeß des Kombinats eine ökonomisch und juristisch selbständige Einheit.“[30] Es sind also sowohl das Kombinat wie der Kombinatsbetrieb Wirtschaftseinheit, Rechtssubjekt und juristische Person. Im Vertragsgesetz waren daraus die juristischen Schlußfolgerungen für die Kooperationsregelungen zu ziehen, Schlußfolgerungen, die der doppelten Aufgabe gerecht werden, die Herausbildung des einheitlichen Reproduktionsprozesses im Kombinat zu unterstützen und – beim gegenwärtigen Stand der Entwicklung unvermeidlich – dabei die Selbständigkeit der Kombinatsbetriebe zu sichern und zu nutzen.

Im § 21 VG wurde die Regelung der Kooperationsbeziehungen zwischen den Kombinatsbetrieben durch eine Kooperationsordnung des Generaldirektors festgelegt. Dabei hat er seine Festlegungen unter Wahrung der Grundsätze dieses Gesetzes und unter Beachtung der Stellung der Kombinatsbetriebe als eigenverantwortlich planender und abrechnender Wirtschaftseinheiten zu treffen. Soweit er keine Festlegungen trifft, gilt das Vertragsgesetz entsprechend.

Leider ist nicht völlig eindeutig, was hier unter Grundsätzen zu verstehen ist. Praktisch geht es um drei Fragen: um das Zustandekommen der Verträge, um die Verantwortlichkeit und um die Entscheidung von Streitigkeiten. In bezug auf das Zustandekommen der Verträge ist eine ausdrückliche Sonderregelung im § 11 VG getroffen worden: „Der Generaldirektor hat das Recht, Kooperationsbeziehungen zwischen den Betrieben des Kombinats durch Entscheidung zu begründen." Offen dagegen ist die Frage der Verantwortlichkeit, insbesondere ob es zulässig ist, durch die Kooperationsordnungen auch die Zahlung von Schadensersatz auszuschließen. Die Praxis ist hier sehr unterschiedlich, teils durch unterschiedliche objektive Bedingungen, aber auch durch subjektive Ursachen bedingt. Was die Entscheidung von Streitfällen betrifft, so erfolgt sie durch Entscheidung des Generaldirektors oder seines Beauftragten (§ 21 Abs. 3 VG) mit Ausnahme der Erfüllungsstreitigkeiten zwischen dem Außenhandelsbetrieb des Kombinats und dem Export- oder Importbetrieb (§ 8 der 3. DVO).[31] Offen ist hier allerdings die Form des Verfahrens und Fragen der gesellschaftlichen Kontrolle über die Einhaltung der Rechte der Kombinatsbetriebe.

In bezug auf die offenen Fragen ist auch ein Versäumnis der Wirtschaftsrechtswissenschaft einzugestehen, die keine praktikablen Vorschläge zur Gestaltung dieser Beziehungen gemacht hat. Es wird in Zukunft darauf ankommen, auf Grund der Analyse der Handhabung in den Kombinaten derartige Vorschläge zu unterbreiten, wobei, bei aller berechtigten Differenzierung, die Erfüllung der eben erwähnten Doppelaufgabe gesichert werden muß. Es muß das Kombinat als leistungsfähige Wirtschaftseinheit ebenso gewährleistet werden wie die Stellung der Kombinatsbetriebe in ihrem Rahmen. Ich glaube nicht, daß die gesellschaftliche Kontrolle an den Toren der Kombinate aufhören kann.

In allen hier genannten Fällen soll juristischer „Druck" auf ein höheres Niveau der Planung ausgeübt werden. Dieser Druck ist in erheblichem Umfang mit der Existenz und Durchsetzung subjektiver Rechte in den Planungsbeziehungen verbunden. Der gewichtigste theoretisch-ideologische Einwand gegen Rechtsbeziehungen in der Planung in der hier genannten Form wird deshalb gerade mit Bedenken gegen subjektive Rechte in Leitungsbeziehungen und den damit verbundenen Begriff partnerschaftlicher Beziehungen begründet. Das wurde deutlich auf der Konferenz in Kleinmachnow 1981.[32] T. Riemann hat diese Position jetzt sehr entschieden formuliert, wenn er schreibt: „Es kann nicht darum gehen, die untergeordneten Organe mit allen möglichen eigenständigen Rechten im Verhältnis zu übergeordneten Organen auszustatten, und es wäre ein verhängnisvoller Irrtum, sollte man annehmen, damit wäre Unzulänglichkeiten in der Praxis der Leitungstätigkeit beizukommen ... Es dient nicht der besseren Erfüllung der ihm übertragenen Aufgaben, wenn es (das übergeordnete Organ – U.-J. Heuer) in den Befugnissen gegenüber untergeordneten Organen eingeschränkt wird."[33]

Einer solchen Position liegt letztlich die Vorstellung zugrunde, als ob die gesellschaftlichen Interessen im Sozialismus *ausschließlich* von jeweils übergeordneten Organen formuliert werden können. Eine solche Vorstellung widerspricht ebenso dem demokratischen Zentralismus wie die revisionistische Annahme, daß das gesellschaftliche Interesse nur in den Interessen der Wirtschaftseinheiten zum Ausdruck kommt. Wenn die Wirtschaftseinheit, wenn ihr Leiter eine rasche Entscheidung fordert, wenn er sich für die Stabilität seiner Kooperationsbeziehungen einsetzt, dann tut er das nicht nur wegen der ökonomischen Interessen der Wirtschaftseinheit, sondern immer wieder auch aus seinem Verantwortungsgefühl als Kommunist für die Durchsetzung des wissenschaftlich-technischen Fortschritts, gegen Konservatismus, für die Erfüllung seiner übernommenen Verpflichtungen. Sollten nicht gerade hierfür sozialistische subjektive Rechte im Rahmen der Über- und Unterordnungsbeziehungen oder Einordnungsbeziehungen zulässig, ja notwendig sein?

Fassen wir diese Veränderungen in der rechtlichen Regelung zusammen, so ergibt sich, daß hier eine Reihe juristischer Formen und Instrumentarien gegeben sind, die bei weiterem Ausbau, differenzierter Gestaltung und konsequenter Nutzung durchaus geeignet sind, die Koordiniertheit und Stabilität der Planentscheidungen zu erhöhen, um auf dieses Weise eine bessere Durchsetzung des gesellschaftlichen Interesses an Langfristigkeit und Komplexität der Planung zu sichern. Mit den weiteren Ausbau der wirtschaftlichen Rechnungsführung, vor allem der Kombinate, wird auch die Frage des Ausgleichsanspruchs erneut zu erörtern sein. In bestimmten Fällen sollten wir auch Überlegungen anstellen, ob bei völlig eindeutigen Anforderungen der verletzten Rechtsvorschrift der Weg der Unwirksamkeit der Weisung beschritten werden kann. In der Sowjetunion gibt es solche Festlegungen.[34]

Von besonderem Gewicht wird bei der rechtlichen Gestaltung der Planungsbeziehungen die Frage der Durchsetzung festgelegter Rechte und Pflichten, die Frage von Sanktionen und die Frage der Rechtskontrolle sein. Mit der erstmaligen Einbeziehung der Stellung des Staatlichen Vertragsgerichts in die Regelung des Vertragsgesetzes (§ 22 VG) wurde sehr deutlich auf den untrennbaren Zusammenhang zwischen materiellem Recht und dem Durchsetzungsmechanismus hingewiesen.

Alle diese Fragen reichen erheblich über den Kreis der vom Vertragsgesetz objektiv zu erfassenden Problematik hinaus. Eine zusammenhängende Neugestaltung der Rechtsformen kann nur von einer geschlossenen rechtlichen Regelung der Planung erwartet werden. Der Wirtschaftsrechtswissenschaft der DDR wurde daher eine große Verantwortung übertragen, als im Zentralen Plan der gesellschaftswissenschaftlichen Forschung der DDR – entsprechend auch in der Sowjetunion erhobenen Forderungen[35] – die Erarbeitung von Vorschlägen für eine solche Regelung festgelegt wurde. Dabei müssen wir die objektiven Schwierigkeiten in Rechnung stellen, die den Ausbau des Planungsrechts hemmen. Der Erfolg unserer Arbeit wird weitgehend davon abhängen, wie wir unsere prinzipielle – auf der Wirtschaftsstrategie des X. Parteitages aufbauende – Position mit der Ausarbeitung differenzierter und anpassungsfähiger Vorschläge vereinen, die helfen, noch bestehende ideologische Vorbehalte gegenüber dem Planungsrecht auszubauen.

Die Rolle des Rechts bei der Festigung sozialistischer Denk- und Verhaltensweisen in der Volkswirtschaft

Bekanntlich gibt es seit einiger Zeit eine Diskussion um die Stellung der Leiter im Wirtschaftsrecht.[36] Dabei überwiegt die Auffassung, daß es sich beim Wirtschaftsrecht nur um kollektive Rechtssubjekte handeln könne. Ich persönlich halte diese Auffassung für falsch. Unabhängig aber vom Ausgang dieses Meinungsstreits – der Organbegriff wird hier m. E. eine wesentliche Rolle spielen können – wird sich niemand der Tatsache verschließen, daß auch das Wirtschaftsrecht nur soweit wirksam werden kann, wie es Eingang in die Denk- und Verhaltensweisen der Individuen findet. Die Frage des Rechtsbewußtseins ist eine Frage, die alle Rechtszweige angeht, die sich nur begrenzt rechtszweigspezifisch erörtern läßt. Ich möchte dazu nur auf die Beiträge von G. Schüßler, W. Weichelt, K. Mollnau, H. Such und G. Pflicke auf der Tagung des Rates für staats- und rechtswissenschaftlichen Forschung der Akademie der Wissenschaften der DDR vom November 1975 verweisen.[37] Für den Dialog mit den Praktikern im Partei- und Staatsapparat in der Wirtschaft ist dieser Frage gerade für die richtige langfristige Bestimmung des Rechts in der Volkswirtschaft m. E. zentrale Bedeutung beizumessen.

Es wurde schon eingangs dargelegt, daß unsere Wirtschaftsstrategie bestimmte Denk- und Verhaltensweisen verlangt. Sozialistische Einstellung zur Arbeit erfordert sowohl ein klares Bekenntnis zur Einhaltung von Festlegungen wie den ständigen Kampf, Neues, Besseres durchzusetzen. Gefordert wird die Auseinandersetzung mit Gleichgültigkeit, Materialverschwendung, mangelhafter Disziplin ebenso wie Mut zum Risiko, kämpferisches Auftreten gegen Mittelmaß und Konservatismus, Bereitschaft zur Auseinandersetzung mit Auffassungen anderer, mögen es Unterstellte, Kollegen oder Vorgesetzte sein. Es geht um die Herausbildung von Haltungen, die den anspruchsvollen Aufgaben unserer Volkswirtschaft in den 80er Jahren entsprechen.

Es kommt also darauf an, daß unsere immer erneut wiederholten Forderungen an Denk- und Verhaltensweisen tatsächlich das Denken und Handeln der Massen bestimmen, unsere Ideologie, um es mit Marx zu formulieren „zur materiellen Gewalt wird" indem „sie die Massen ergreift".[38] Die sozialistische Gesellschaft braucht nicht nur aktuelles, politisch erzwingbares Verhalten. Sie bedarf stabiler Denk- und Verhaltensweisen, die mit bestimmten Anschauungen, Vorstellungen und Ideen verbunden sind. Auf die Bedeutung dieser Auseinandersetzung für den weltweiten Kampf um Frieden und Sozialismus wurde jetzt noch einmal nachdrücklich mit der Aufforderung hingewiesen, immer daran zu denken, „daß der Kampf um die Hirne der Menschen das Hauptfeld des Kampfes für die Zukunft der Menschheit ist"[39]. So wie die Partei die Massen führt, in dialektischer Einheit mit ihnen verbunden ist, so ist die Ideologie des Marxismus-Leninismus in dialektischer Einheit mt dem Bewußtsein der Massen verbunden.

In der philosophischen Literatur wird in diesem Zusammenhang oft vom – empirischen – Alltagsbewußtsein gesprochen. Hier wird mit dem Begriff des Empirischen in der Regel die Spontanität und dann mehr oder minder ausgeprägt ein niedrigeres Niveau verbunden, das Alltagsbewußtsein so dem höherstehenden wissenschaftlichen Bewußtsein gegenübergestellt.[40] K. A. Mollnau u. a. unterscheiden auf der Ebene des Rechts zwischen gesellschaftlichem Bewußtsein und Rechtsbewußtsein der Persönlichkeit.[41] Auch bei einer solchen Gegenüberstellung läuft man unweigerlich Gefahr, dem empirischen differenzierten Rechtsbewußtsein der Persönlichkeit – das ja auch gesellschaftlich ist, denn das tatsächliche Rechtsbewußtsein muß ja als Rechtsbewußtsein aufeinander einwirkender Individuen existieren – ein eigentlich sein sollendes gesellschaftliches Rechtsbewußtsein gegenüberzustellen.

Ich schließe mich deshalb den Auffassungen derjenigen an, die auch das Bewußtsein der Massen als Bestandteil des gesellschaftlichen Bewußtseins sehen.[42] Darin liegt nach meiner Auffassung die Möglichkeit begründet, eine echte dialektische Beziehung zwischen marxistisch-leninistischer Ideologie und Massenbewußtsein aufzudecken. Dabei verstehe ich unter Massenbewußtsein das klassenmäßig und in anderer Richtung vielfach strukturierte reale Bewußtsein der Werktätigen als Grundlage ihrer praktischen Tätigkeit, als Ausdruck ihrer Erfahrungen ebenso wie als die in das Massenbewußtsein aufgenommene Ideologie und Wissenschaft.

Die nüchterne und vorurteilslose Analyse des Massenbewußtseins ist schwieriger, aber nicht minder wichtig als die nüchterne und vorurteilslose Analyse der ökonomischen Situation. Vom Stand dieses Massenbewußtseins hängt entscheidend das Niveau der Produktionsaktivität, des schöpferischen Kampfes für das Neue, ebenso ab wie die politische Stabilität. Dabei wird dieses Massenbewußtsein nicht nur durch unsere Ideologie, sondern auch durch andere Ideologien im ideologischen Kampf beeinflußt. Es wird aber ebenso unablässig durch die eigenen unmittelbaren Erfahrungen der Massen geformt.

Es geht hier nicht um einfache Wissensvermittlung, sondern um Herausbildung sozialistischer Denk- und Verhaltensweisen, um sozialistische Erziehung. Und Erziehung ist, darauf hat E. Buchholz wieder eindringlich hingewiesen, ihrem Wesen nach kein einseitiger Prozeß.[43] Aneignung von Kultur ist notwendig ein Dialog.[44]

Genau in diesem Wechselwirkungsprozeß müssen wir auch das Recht sehen. Beim Recht geht es eben nicht nur um das Ermitteln und Durchsetzen konkreter Entscheidungen. Das Recht, auch das Wirtschaftsrecht, ist ein unersetzliches Mittel, die marxistisch-leninistische Ideologie massenwirksam zu machen. Bereits in den Arbeiten der Klassiker bildeten die Rechtsnormen einen klassischen Fall für verbindlich erklärter Vorstellungen. Es gibt kein anderes Normensystem, das in so umfassender und den Einzelnen unmittelbar weitgehend eindeutig berechtigender und verpflichtender Weise Ideologie wirksam umzusetzen in der Lage ist, Ideologie und Organisation verbindet.

Die Notwendigkeit von Idealen, Werten, Leitbildern, Prinzipien usw. ist unbestreitbar. Sie sind als große Hauptgesichtspunkte Ausdruck des Kampfes gegen das „Preisgeben der Zukunft der Bewegung um der Gegenwart der Bewegung willen".[45] Allein mit Idealen, Werten usw. kann aber die sozialistische Gesellschaft nicht organisiert werden, können weder sozialistische Leitung noch sozialistische Persönlichkeitsentwicklung gesichert werden. Diese konkrete Umsetzung erfolgt über Parteibeschlüsse, über die Planung, aber eben auch über die Normen des sozialistischen Rechts. Daraus ergibt sich zugleich, daß jede Gegenüberstellung von Ideologie und Recht, von ideologischer Arbeit und Gesetzlichkeit am Wesen der sozialistischen Gesellschaft, am Verständnis ihres ideologischen Überbaus vorbeigeht.

Die aus der Wirtschaftsstrategie abgeleiteten prinzipiellen Anforderungen an die Denk- und Verhaltensweisen geben noch keine unmittelbare Lösung für das konkrete Verhalten. Unter Berufung auf Ordnung kann der Mut zum Risiko bekämpft, Forderungen nach höherem Risiko, Streben nach höherer Anerkennung kann Verantwortungslosigkeit und Egoismus bedeuten. Deshalb bedürfen die Ideale, Werte usw. der Konkretisierung in der Auseinandersetzung. Nur in dieser Konkretisierung kann und muß die Grenze zwischen zulässigem und nichtzulässigem Risiko, zwischen notwendiger Ordnung und Formalismus, zwischen berechtigtem Ehrgeiz und Karrierismus jeweils bestimmt werden, werden Denk- und Verhaltensweisen geformt.

Gerade dabei spielt das Recht eine wesentliche Rolle. Es legt nicht abstrakt Gutes, Wünschenswertes, nicht Erreichbares fest, sondern es bestimmt, welches Verhalten in der konkreten Situation gut oder besser als ein anderes ist, es unterstützt dieses Verhalten und stellt ein anderes Verhalten unter Sanktion. Während das Ideal als solches selten bestritten wird, wer wäre schon für Schlamperei und gegen Schöpfertum, entzündet sich an den konkreten Anforderungen des Rechts die Auseinandersetzung, ist es unmittelbarer Verhaltensmaßstab.

Natürlich gibt es Normen von höherem Anspruchsniveau als die Normen des Rechts, so werden im Rahmen der Partei auch Anforderungen gestellt, die über das vom Recht Geforderte hinausgehen, wird eine künftige kommunistische Gesellschaft ein anderes Niveau der Moral haben. Heute aber ist die generelle Durchsetzung der konkreten Anforderungen des Rechts ein erstrebenswertes und bedeutsames Ziel. Wenn es uns gelingt, daß überall die Arbeitszeit voll ausgenutzt, die Gewerkschaft in die Planverteidigung einbezogen, jeder nach der Leistung bezahlt wird und nach der geforderten Leistung arbeitet, wenn die Weisungen befolgt und die Verträge eingehalten werden, wenn die berechtigten Ansprüche der Neuerer und Erfinder befriedigt und niemand ungesetzlich als Neuerer anerkannt wird, wenn uns das alles gelingt, dann wären wir bei der Erhöhung der Effektivität der Volkswirtschaft und auch bei der Verwirklichung unserer Ideale schon ein ganzes Stück weiter.

Nicht umsonst wurde auf dem X. Parteitag der Zusammenhang von Moral und Gesetzlichkeit so ausdrücklich hervorgehoben: „Je veranwortungsbewußter die Bürger ihre gesetzlichen Pflichten gegenüber der Gesellschaft erfüllen und je gewissenhafter ihre

Rechte gewährt werden, um so mehr werden Ehrlichkeit und Verantwortungsbewußtsein gefördert, Geborgenheit geschaffen und Leistung stimuliert."[46] Und im Referat zur Direktive des X. Parteitages wurde direkt die strikte Einhaltung der in den Gesetzen und anderen Rechtsvorschriften festgelegten staatlichen Ordnung gefordert und mit kommunistischer Ehrlichkeit bei der Planung, Plandurchführung und -abrechnung gleichgesetzt.[47]

Auch in den von uns durchgeführten Befragungen von Leitern wurde deutlich, daß sie in ihrer überwiegenden Mehrheit das Recht als Instrument sehen, das vorteilhafte Wirkungen hervorbringt. Dabei kommt an erster Stelle die Sicherung von Ordnung und Stabilität in der Volkswirtschaft, erst danach rangiert die durch das Recht gebotene Hilfe zur Durchsetzung der Interessen, sein Charakter als notwendiges Disziplinierungsmittel. Nicht sehr hoch wird die Sicherung der notwendigen Eigenverantwortung durch das Recht veranschlagt. In der kritischen Bewertung stehen an erster Stelle übermäßige Kompliziertheit und Unübersichtlichkeit.

Diese Ergebnisse bestätigen unsere Überlegungen zur Bedeutung des Rechts gerade für die Sicherung volkswirtschaftlicher Stabilität, für die Durchsetzung volkswirtschaftlicher optimaler Entscheidungen. Zugleich zeigt sich, daß von einem nicht unerheblichen Teil der Leiter bei Widersprüchen zwischen echten oder vermeintlichen ökonomischen Anforderungen der Vorzug gegeben wird. So stimmte ein großer Teil ganz oder teilweise dem Vorrang der ökonomischen Zweckmäßigkeit vor der formalen Einhaltung der Gesetze zu und war ganz oder teilweise damit einverstanden, die Einhaltung des Rechts der Planerfüllung unterzuordnen. Dabei können sich hinter der Gegenüberstellung von Planerfüllung und Gesetzlichkeit außerordentlich unterschiedliche Sachverhalte verbergen. Die Berufung auf ökonomische Zweckmäßigkeit kann Ausdruck eines den volkswirtschaftlichen Interessen, die in der Rechtsnorm ausgedrückt sind, entgegenstehenden Betriebs-, Zweig- oder Territorialegoismus, sie kann aber auch Ausdruck eines echten, für den Leiter nicht lösbaren Widerspruchs, nicht zu bewältigender, sich widersprechender Anforderungen sein. Rechtsvorschriften, die mangels ökonomischer Voraussetzungen sich zum Zeitpunkt des Erlasses als nicht durchsetzbar erweisen, wie das für manche Arbeitsschutzvorschriften zutraf, hemmen die Entwicklung des Rechtsbewußtseins. Die Forderung auf Einhaltung der Rechtsvorschriften muß stets verbunden sein mit dem ständigen Ringen des Gesetzgebers, das Niveau der Normen zu erhöhen, ihre Übereinstimmung mit den Anforderungen der Ökonomie immer wieder zu sichern, die Übersichtlichkeit zu verbessern, Widersprüche zu beseitigen.

Ungeachtet dieser Aufgaben liegt das ideologische Hauptproblem in der Durchsetzung der Einsicht, daß unser geltendes Recht prinzipiell der Ausdruck des gegenwärtig erreichten und erreichbaren Standes der gesellschaftlichen Anforderungen und Möglichkeiten ist. Die Entscheidung, was im Interesse der Gesellschaft liegt, kann nicht der einzelne Leiter oder andere Werktätige fällen. Das können nur auf der Grundlage der Parteibeschlüsse der verbindliche Staatsplan und die nicht minder verbindlichen Rechtsvorschriften.

Es mag manchmal vorteilhaft erscheinen, zur Erreichung dieses oder jenes aktuellen Zieles die sonst verfochtenen rechtlichen Regelungen außer Acht zu lassen. Aber solche kurzfristigen Erfolge untergraben gerade das, was den eigentlichen Wert des Rechts darstellt: die einheitliche, für alle verbindliche Regelung, die Gleichheit vor dem Gesetz, die allein die bewußt akzeptierte Ordnung sichert. Das sozialistische Recht bezieht seine Kraft nicht nur aus dem staatlichen Zwang, sondern auch und gerade aus der Überzeugung der Bürger. Diese Rechtsüberzeugung ist mit der Einhaltung des Rechts durch alle, unabhängig von ihrer gesellschaftlichen Stellung, verbunden.

Wir sind und bleiben Gegner des bürgerlichen Rechtspositivismus. Uns unterscheidet von ihm prinzipiell das Wissen um die sozialökonomischen Grundlagen des Rechts, um die Notwendigkeit der Überprüfung des Rechts an der gesellschaftlichen Wirklichkeit. Gerade in den letzten Jahren haben wir verstärkt auf die detailliertere, wenn man will soziologische, Untersuchung der Beziehungen von Recht und Gesellschaft sowohl bei der Rechtsbildung wie bei der Rechtsanwendung Kurs genommen. Als besonders bedeutungsvoller Ausdruck einer solchen Orientierung sei hier an die verstärkte Wirksamkeitsforschung erinnert, die deutliche Unterscheidung von geltendem und wirksamen Recht und damit auch die Einräumung der Existenz mehr oder weniger wirksamen Rechts. Ich halte es auch für berechtigt und notwendig, zwischen geltenden und richtigen oder m. E. besser adäquaten Normen zu unterscheiden.[48] Die Bestimmung des sozialistischen Rechts, den Interessen der Arbeiterklasse und ihrer Verbündeten zu entsprechen, muß nicht jederzeit auf jede einzelne Rechtsnorm zutreffen. Deshalb muß jede Kritik der Leiter, der Werktätigen überhaupt an unseren Rechtsvorschriften sorgfältig geprüft werden, ist überlegte Normkritik auch legitimes Anliegen der Rechtswissenschaft zur besseren Nutzung des Rechts.

Auf der anderen Seite aber muß mit genau demselben Nachdruck – oder vielleicht sogar mit noch größerem Nachdruck, weil hier mehr Vorbehalte existieren – betont werden, daß ungenügend wirksames oder nicht adäquates Recht geltendes, verbindliches Recht ist und bleibt solange es nicht aufgehoben ist. Solange die staatliche Korrektur des Rechts nicht vorgenommen wurde, bleibt das alte Recht geltendes Recht, auch wenn es seiner Wirksamkeit, seiner sozialen Adäquatheit mehr oder minder beraubt ist. Jede andere Position würde neben das geltende Recht ein zweites, drittes, viertes Recht stellen, das sich auf die objektiven Gesetze, die Ergebnisse der Wissenschaft oder das Massenbewußtsein berufen könnte. Das würde letztlich auf die Konstruktion eines sozialistischen Naturrechts hinauslaufen. Das Naturrecht kann aber – wie V. Peschka überzeugend dargelegt hat – niemals gleichzeitig mit dem „positiven" Recht geltendes Recht sein. Derartige Forderungen können nur als Bewertung, als Kritik, als Ideologie eine – allerdings keineswegs zu unterschätzende und auch über die Rechtsanwendung in das Recht eindringende – Rolle spielen.[49] Die Forderung nach unabdingbarer Einhaltung des geltenden Rechts ist eine Kernfrage unserer ideologischen Arbeit, unserer Verantwortung als Rechtswissenschaftler. Der Jurist muß, oder er gibt seine gesellschaftliche Verantwortung auf, die Einhaltung des geltenden Rechts fordern. Ein Recht, eine Rechtspraxis und eine Rechtswissenschaft, die auf diese Forderung verzichten, verletzen ihren gesellschaftlichen Auftrag. Die dialektische Einheit von zulässiger, ja notwendiger Normkritik und strikter Forderung nach Einhaltung des geltenden Rechts ist die einzig mögliche Position eines marxistischen Juristen. Alles geltendes Recht für wirksam oder für gesellschaftlich adäquat zu halten, wäre eine positivistische Illusion. Nur wirksames oder sozial adäquates Recht für geltend und damit für verbindlich zu erklären, würde das Recht aus seiner notwendigen Verbindung mit der staatlichen Rechtsetzung lösen, es seiner Rolle als staatliches Instrument berauben. Der bürgerliche Positivismus kann nicht dadurch überwunden werden, daß die Geltung und Verbindlichkeit des staatlich gesetzten Rechts bestritten wird. Eine solche Haltung wäre nicht antipositivistisch, sondern rechtsnihilistisch.

Die volle Nutzung aller Potenzen des sozialistischen Rechts für die Durchsetzung der Wirtschaftsstrategie erfordert die Überwindung jener Elemente des Rechtsnihilismus, die der Kampf gegen die bürgerliche Rechtsordnung notwendig hervorbrachte und die unter den Bedingungen der Übergangsperiode nicht voll überwunden werden konnten. Sie erfordert auch die Diskussion um Diskontinuität und Kontinuität im Recht. Mit dem tieferen Verständnis für die Rolle des Rechts im Sozialismus wächst auch unsere Einsicht in die Größe und Kompliziertheit der künftigen Aufgaben. Eine Orientierung zur Änderung von Denk- und Verhaltensweisen ist notwendig eine langfristige Orientierung. Je realistischer wir an die Rolle des Rechts herangehen, je tiefgreifender wir uns der Frage seiner Wirksamkeit zuwenden, desto deutlicher wird uns die Veränderung des Zeithorizonts. Mit dieser Zielsetzung ordnen wir uns in die allgemeine Aufgabenstellung ein, den Sozialismus voll im Alltag wirksam zu machen, jener Aufgabenstellung, von der Lenin erklärte, daß in diesen Dingen „nur das als erreicht gelten darf, was in die Kultur, in das Alltagsleben, in die Gewohnheiten eingegangen ist“[50]. Unser Recht wird daran gemessen werden, wie es dazu beiträgt, die Denk- und Verhaltensweisen, die Kultur, auch Rechtskultur zu schaffen, die den komplizierten ökonomischen Aufgaben der achtziger Jahre entspricht.

Anmerkungen

1 Bericht des ZK der SED an den X. Parteitag der SED, Berichterstatter: E. Honecker, Berlin 1981, S. 48.
2 Ebenda, S. 8.
3 Programm der SED, Berlin 1976, S. 26.
4 W. Heinrichs, Ökonomische und philosophische Aspekte der marxistisch-leninistischen Reproduktionstheorie, in: Deutsche Zeitschrift für Philosophie, 1980, Heft 10, S. 1189.
5 E. Honecker, Die Aufgaben bei der Verwirklichung der Beschlüsse des IX. Parteitages, Berlin 1978, S. 8.
6 Zur Aufgabenstellung in der Sowjetunion vgl. A. Notkin, Intensivierung und Effektivität der erweiterten Reproduktion, in: Sowjetwissenschaft. Gesellschaftswissenschaftliche Beiträge, Berlin 1982, Heft 3, S. 336.
7 Bericht an den X. Parteitag, a. a. O., S. 51 ff.
8 O. Reinhold, Die Gesellschaftswissenschaften vor neuen Aufgaben, Berlin 1981, S. 112.
9 4. Tagung des ZK der SED, Berlin 1982, S. 101.
10 Vgl. H. Koziolek, Höhere Veredlung der Rohstoffe, in: Einheit, 1980, Heft 6, S. 589.
11 Vgl. H. Nick, Probleme der Vervollkommnung der gesellschaftlichen Leitung des wissenschaftlich-technischen Fortschritts, in: Wirtschaftswissenschaft, 1978, Heft 4, S. 101.
12 Rechenschaftsbericht des ZK der KPdSU und die nächsten Aufgaben der Partei in der Innen- und Außenpolitik, Berichterstatter: L. I. Breshnew, Berlin 1981, S. 58.
13 Programm der SED, a. a. O., S. 32.
14 W. Kunz, Theoretische Fragen der sozialistischen ökonomischen Integration, ihre Leitung, Planung und ökonomische Stimulierung, in: Wirtschaftswissenschaft, 1981, Heft 1, S. 4.
15 Vgl. Bericht an den X. Parteitag, a. a. O., S. 83. Vgl. G. Brode, Zum Verhältnis der Preisentwicklung bei Erdöl, anderen Rohstoffen und Fertigerzeugnissen. Rohstoffpreise steigen weiter, in: Horizont, 1981, Nr. 17.
16 O. Reinhold, Der reale Sozialismus und die Lebenskraft des Marxismus-Leninismus, in: Einheit, 1982, Heft 4, S. 378.
17 Aus dem Bericht des Politbüros an die 3. Tagung des ZK der SED, Berichterstatter: Gen. E. Honecker, Berlin 1981, S. 43.
18 G. Mittag, Hoher Leistungszuwachs für die weitere Stärkung unserer Republik, in: Einheit, 1982, Heft 5, S. 466.
19 Bericht an den X. Parteitag, a. a. O., S. 48.
20 K. Hager, Die Gesellschaftswissenschaften vor neuen Aufgaben, Berlin 1981, S. 35.
21 Vgl. J. Kornai, Effizienz und sozialistische Ethik, in: Budapester Rundschau, Budapest 1980, Nr. 29–32 sowie J. Kornai, Anti-Äquilibrium, Budapest, Akademia Kiado, Springer-Verlag, Berlin (West) – Heidelberg – New York 1975.
22 K. Marx, Das Kapital, Dritter Band, in: Marx/Engels, Werke, Bd. 25, Berlin 1972, S. 267.
23 F. Engels, Herrn Eugen Dührings Umwälzung der Wissenschaft (Anti-Dühring), in: Marx/Engels, Werke, Bd. 20, Berlin 1972, S. 295.
24 G. Friedrich, Entscheidungstheorie und Vervollkommnung der Leitungsentscheidungen in der sozialistischen Wirtschaft, Sitzungsberichte der AdW der DDR, Jahrgang 1976, Nr. 11/G, S. 9.
25 K. Marx, Das Kapital, Dritter Band, in: Marx/Engels, Werke, Bd. 25, Berlin 1972, S. 801.

26 Vgl. G. Walter, Geltungsbereich und Grundsätze des Vertragsgesetzes, in: Wirtschaftsrecht, 1982, Heft 2, S. 74.

27 11. Tagung des ZK der SED, Berlin 1979, S. 102 f.

28 Gesetz über das Vertragssystem in der sozialistischen Wirtschaft (Vertragsgesetz) vom 25. März 1982, GBl. I, Nr. 14, 1982, S. 293.

29 Bericht des ZK der SED an den X. Parteitag, Berichterstatter: Gen. E. Honecker, a. a. O., S. 79.

30 Verordnung über die volkseigenen Kombinate, Kombinatsbetriebe und volkseigenen Betriebe vom 8. November 1979, GBl. I, Nr. 38, 1979, S. 355.

31 Dritte Durchführungsverordnung zum Vertragsgesetz – Wirtschaftsverträge über den Export und den Import – vom 25. März 1982, GBl. I, Nr. 16, 1982, S. 333.

32 Vgl. Staat und Recht in der entwickelten sozialistischen Gesellschaft, Konferenz der Staats- und Rechtswissenschaft der DDR, Diskussion der Arbeitsgruppe II, Berlin 1981, S. 90 ff.

33 T. Riemann, Die rechtlichen Beziehungen im staatlichen Leitungssystem, in: Staat und Recht, 1981, Heft 7, S. 592 ff.

34 Vgl. Das Gesetz über die Staatsarbitrage der UdSSR vom 30. 11. 1979, in: Iswestija vom 4. 12. 1979, Artikel 19.

35 Vgl. W. Laptjew, Wirtschaftsmechanismus und Wirtschaftsrecht, in: Sowjetwissenschaft. Gesellschaftswissenschaftliche Beiträge, Berlin 1981, Heft 2, S. 193 ff.

36 Vgl. Wirksamkeit des Wirtschaftsrechts – Analysen, Probleme, Positionen, Autorenkollektiv (Leitung U.-J. Heuer), Berlin 1979, S. 52 ff., S. 204. K. Müller, Zu den Subjekten des Wirtschaftsrechts, in: Staat und Recht 1980, S. 826 ff. S. Lörler, Zur Rolle des Leiters im Wirtschaftsrecht, in: Staat und Recht, 1981, S. 457 ff. G. Leifert, Noch einmal: Zur Stellung des Einzelleiters aus rechtlicher Sicht, in: Staat und Recht, 1982, Heft 1, S. 65.

37 Sozialistisches Rechtsbewußtsein – Herausbildung und gesellschaftliche Wirkung, Abhandlungen der Akademie der Wissenschaften der DDR, Akademie-Verlag, 1976, Nr. W 2.

38 K. Marx, Zur Kritik der Hegelschen Rechtsphilosophie. Einleitung, in: Marx/Engels, Werke, Bd.1, Berlin 1972, S. 385.

39 3. Tagung des ZK der SED, a. a. O., S. 57.

40 Zum Alltagsbewußtsein vgl. W. P. Tugarinow, Philosophie des Bewußtseins, Berlin 1974, S. 140 ff. H. Horstmann, Alltagsdenken und Widerspruchserkenntnis, in: Deutsche Zeitschrift für Philosophie, 1979, Heft 3, S. 312. Gesellschaft und Bewußtsein, Berlin 1980, S. 203 ff. Kritisch zur Niveausgegenüberstellung Gesellschaft und Bewußtsein, ebenda, S. 209 sowie N. B. Bikkenin, Sozialistische Ideologie, Moskau, 1978 russ., S. 125 ff., Gegen den Begriff des Alltagsbewußtseins wandten sich jetzt T. Hahn, G. Hartwig und W. Eichhorn I in einer Diskussion (Gesellschaft und Bewußtsein, Bericht von M. Leimbach und J. Fiedler, in: Deutsche Zeitschrift für Philosophie, 1982, Heft 1, S. 99 ff.).

41 K. A. Mollnau, Objektive Gesetze, Recht, Handeln, Berlin 1979, S. 229 ff.

42 Vgl. R. Muntschajew, Probleme der Bestimmung des Begriffs „gesellschaftliches Bewußtsein" im historischen Materialismus, in: Deutsche Zeitschrift für Philosophie, 1981, Heft 8, S. 920 ff. Vgl. dazu auch die interessanten Überlegungen von D. Wittich, Der Marxismus-Leninismus als theoretische und praktizierte Weltanschauung, in: Deutsche Zeitschrift für Philosophie, 1979, Heft 10, S. 1169.

43 E. Buchholz, Erzieherische Rolle und Wirksamkeit der Strafe, in: Neue Justiz, 1982, Heft 6, S. 263 ff.

44 Vgl. M. S. Kagan, Das Problem der Subjekt-Objekt-Beziehung in der marxistisch-leninistischen Philosophie, in: Sowjetwissenschaft. Gesellschaftswissenschaftliche Beiträge, Berlin 1981, Heft 2, S. 280.

45 K. Marx, Zur Kritik der Hegelschen Rechtsphilosophie. Einleitung, in: Marx/Engels, Werke, Bd. 1, Berlin 1972, S. 385.

46 Bericht des ZK der SED an den X. Parteitag, Berichterstatter: Gen. E. Honecker, a. a. O., S. 129.

47 Direktive des X. Parteitages der SED zum Fünfjahrplan ..., Berichterstatter: Gen. W. Stoph, Berlin 1981, S. 42.

48 Vgl. L. H. Mamber, Gesellschaftliche Gesetzmäßigkeiten und moralische Normen, in: Deutsche Zeitschrift für Philosophie, 1978, Heft 1, S. 73. W. Segeth, Aufforderung als Denkform, Berlin 1974, S. 122. W. Grahn, Die Rechtsnorm, Karl-Marx-Universität Leipzig, Sektion Rechtswissenschaft, 1979, S. 28 ff.

49 V. Peschka, Grundprobleme der modernen Rechtsphilosophie, Budapest, 1974, S. 85. Die in diesem Referat behandelten Beziehungen des Rechts zu anderen Bestandteilen des Überbaus wie der Ideologie und der Moral werden eingehend in meinem Buch „Recht und Wirtschaftsleitung im Sozialismus. Von den Möglichkeiten und von der Wirklichkeit des Rechts", Berlin 1982, untersucht.

50 W. I. Lenin, Lieber weniger, aber besser, in: Werke, Bd. 33, Berlin 1973, S. 475.

Gerhard Walter

Das neue Vertragsgesetz und die Vervollkommnung des Wirtschaftsrechts

Mit der Neufassung des Vertragsgesetzes[1] wurde ein wichtiger Schritt bei der weiteren Ausgestaltung des Wirtschaftsrechts gegangen. Zur Durchsetzung des Programms der Intensivierung der Volkswirtschaft, dessen konkreter Ausdruck die auf dem X. Parteitag der SED beschlossene ökonomische Strategie ist, sind in letzter Zeit bereits eine Reihe von Rechtsvorschriften erlassen worden. Sie betreffen u. a. die Ergänzung der Planungsordnung, Bestimmungen zur Erhöhung der Wirksamkeit von Wissenschaft und Technik, Regelungen der wirtschaftlichen Rechnungsführung einschließlich der über die Kreditgewährung und Bankenkontrolle. In dieses System von Maßnahmen, die in einem inneren Zusammenhang stehen, ist die Neufassung des Vertragsgesetzes einzuordnen. Das neue Vertragsgesetz hat, wie auf der 4. Tagung des ZK der SED eingeschätzt wurde, für die weitere Stärkung des demokratischen Zentralismus auf dem Gebiet der Leitung und Planung der Volkswirtschaft eine große Bedeutung. Es ist darauf gerichtet, die Einheit von Plan, Bilanz und Vertrag zu festigen. Die Rechtsform des Wirtschaftsvertrages ist ein aktives Instrument zur Durchsetzung der mit dem Plan und den Bilanzen festgelegten Aufgaben. Bei der Regelung wurde von dem im Leben bestätigten Grundsatz ausgegangen, daß die bedarfs-, qualitäts- und termingerechte Plan- und Vertragserfüllung der ökonomisch selbständigen Betriebe und Kombinate die grundlegende Bedingung für eine hohe gesamtvolkswirtschaftliche Effektivität ist.[2]

Die konsequente Anwendung der auf die weitere Stärkung des Prinzips des demokratischen Zentralismus gerichteten Bestimmungen des neuen Vertragsgesetzes ist eine Voraussetzung dafür, die bei der Verwirklichung des Programms der Intensivierung unserer Volkswirtschaft erforderlichen Umstellungen auf neue Technologien und Erzeugnisse, wie sie auf der 4. Tagung des ZK der SED gefordert wurde, mit hoher Effektivität durchzuführen. Die Organisierung der damit verbundenen Veränderungen in den Kooperationsbeziehungen zwischen den Kombinaten und Betrieben stellt hohe Anforderungen, die durch eine enge verantwortungsvolle Zusammenarbeit der Wirtschaftseinheiten auf der Grundlage der staatlichen Entscheidungen zu bewältigen ist. Unsere sozialistische Planwirtschaft hat bewiesen, daß sie in der Lage ist, auf die Herausforderung der 80er Jahre, auf die veränderten Kampfbedingungen zu reagieren und sie zu bewältigen. Die objektiven Bedingungen verlangen die weitere Erhöhung der Wirksamkeit des subjektiven Faktors; nur dadurch sind die komplizierten Probleme der Ökonomie zu meistern. Der Vorzug der sozialistischen Planwirtschaft, im Gesamtmaßstab der Volkswirtschaft die Kräfte auf die für den weiteren Leistungsanstieg entscheidenden Schwerpunkte zu konzentrieren, die planmäßige proportionale Entwicklung zu sichern und die Entfaltung der schöpferischen Fähigkeiten der Werktätigen die Richtung zu geben, bedingt jetzt um so mehr die strikte Anwendung des Prinzips des demokratischen Zentralismus in der Leitung und Planung sowie in der Wirtschaftstätigkeit der Kombinate und Betriebe. Die Plan- und Bilanzentscheidungen sind die unabdingbare Voraussetzung für das eigenverantwortliche Handeln der Wirtschaftseinheiten. Auf ihrer Grundlage gilt es aber, die damit festgelegte Grundstruktur der Kooperationsbeziehungen und die volkswirtschaftlich notwendigen Strukturveränderungen im Zusammenhang mit der fortschreitenden Intensivierung, den wissenschaftlich-technischen Neuerungsprozessen des Außenhandels usw. in bezug auf Menge, Feinsortiment, Qualitätsmerkmale, Leistungszeit und die weiteren Bedingungen der zu erbringenden Leistungen in den Wirtschaftsverträgen so auszugestalten, daß die staatlichen Zielstellungen und eine hohe Effektivität erreicht werden. Die Wirtschaftsverträge sind nicht passive Widerspiegelung der Planentscheidungen, sie sind vielmehr aktives Instrument, mit dem die in einer rationellen arbeitsteiligen eigenverantwortlichen Zusammenarbeit der Wirtschaftseinheiten liegenden volkswirtschaftlichen Effekte umfassend sichtbar gemacht werden müssen. Gerade im Zusammenhang mit volkswirtschaftlich notwendigen Veränderungen, die Auswirkungen auf abgeschlossene Wirtschaftsverträge haben, kommt es darauf an, die zweckmäßigste Art und Weise der Lösung zwischen den Partnern z. B. durch Sortiments- und Terminoptimierung, Substitutionslieferungen, rechtzeitige Vorbereitung von Produktionsumstellungen zu erarbeiten.

Das Vertragsgesetz legt wesentliche Ordnungsprinzipien fest, um die sich aus dem Verhältnis von Stabilität und Dynamik in unserer sozialistischen Planwirtschaft ergebenden Prozesse bewältigen zu helfen. Die Einhaltung dieser staatlichen Ordnung bei dem Abschluß und der Erfüllung der Wirtschaftsverträge sowohl durch die Kombinate und Betriebe als auch die staatlichen Organe garantiert organisiertes Handeln und verhindert volkswirtschaftliche Verluste. Sowohl diese Problematik als auch die für die Erhöhung der Reaktionsfähigkeit unserer Volkswirtschaft notwendige, wissenschaftlich begründete Planung der Schwerpunkte der wissenschaftlich-technischen Entwicklung und die Sicherung der planmäßigen proportionalen Entwicklung unserer Volkswirtschaft als Vorzüge unseres sozialistischen Leitungs- und Planungssystems machen die Rolle des Wirtschaftsrechts deutlich. Sie besteht insbesondere darin, die Optimierung und Koordinierung der erforderlichen Entscheidungsprozesse im Interesse hoher Effektivität gewährleisten zu helfen. Die dazu im neuen Vertragsgesetz festgelegte Rechte- und Pflichtenstruktur ist nicht auf die Betriebe und Kombinate beschränkt, sondern bezieht die staatlichen Organe mit ein. Das betrifft z. B. die im Gesetz enthaltene Verpflichtung, die staatlichen Planentscheidungen entsprechend den Rechtsvorschriften über die Planung bilanziert und in sich abgestimmt sowie so rechtzeitig zu treffen, daß die Wirtschaftseinheiten die Wirtschaftsverträge volkswirtschaftlich effektiv abschließen und erfüllen können. Den Erfordernissen langfristiger Abstimmung entspricht in besonderem Maße das im neuen Vertragsgesetz ausgeregelte Modell des Kombinierungsvertrages.

Auch der Rechte- und Pflichtenmechanismus bei volkswirtschaftlich notwendigen Änderungen in den vertraglich organisierten Kooperationsbeziehungen und bei der Konzentration der Wirtschaftstätigkeit auf vorrangige Leistungen ist Ausdruck des in Rechtsnormen umgesetzten Prinzips des demokratischen Zentralismus, der Verbindung von zentraler Leitung und Planung mit der Wirtschaftstätigkeit der Kombinate und Betriebe. Die Lösungsprinzipien des neuen Vertragsgesetzes geben eine Reihe von generellen Ausgangspunkten für die weitere Forschungsarbeit auf dem Gebiet des Wirtschaftsrechts.

Im unmittelbaren Zusammenhang mit dem Prinzip des demokratischen Zentralismus steht die Frage des Ausgleichsanspruchs. Die Gründe für den Wegfall einer solchen Regelung über den finanziellen Ausgleich für staatliche Entscheidungen waren folgende: Das Vertragsgesetz von 1965 regelte im § 82 Abs. 2 Ziff. 2 keinen Anspruch auf den Ausgleich von durch Planentscheidungen entstandenen Nachteilen, sondern die an das anweisende Organ adressierte Pflicht, für einen finanziellen Ausgleich der durch einseitige Weisungen entstandenen Schäden zu sorgen.[3] Die Art und Weise der Realisierung von Ausgleichsansprüchen planungsrechtlicher Regelungen wurde durch den Beschluß vom 11. Dezember 1968 über das Ausgleichsverfahren für volkseigene Betriebe[4] bestimmt. In den seinerzeit beim Staatlichen Vertragsgericht anhängigen Ausgleichsverfahren kam es aus den verschiedensten Gründen, insbesondere im Hinblick auf den Nachweis des tatsächlich entstandenen Schadens, in keinem Fall zur Verpflichtung, einen Ausgleichsanspruch zu zahlen. Durch die VEB/VVB-VO vom 28. März 1973[5] wurde der Beschluß über das Ausgleichsverfahren aufgehoben. Die Regelung des Vertragsgesetzes von 1965 über den Ausgleichsanspruch war und ist eine Leertaste geblieben. Ferner muß darauf hingewiesen werden, daß zur Gewährleistung einer hohen Effektivität und Flexibilität der Volkswirtschaft auch während der Plandurchführung Planentscheidungen erforderlich werden, die der Durchsetzung gesamtvolkswirtschaftlicher Interessen dienen. Das Problem besteht deshalb darin, daß der rechtzeitigen Herbeiführung als auch der strikten Realisierung von staatlichen Entscheidungen nicht finanzielle Ansprüche ihrer Adressaten entgegengestellt bzw. die Durchführung dieser Einscheidungen sogar von der Realisierung solcher Ansprüche abhängig gemacht werden. Das würde den sich aus der Intensivierung ergebenden Erfordernissen einer straffen zentralen Leitung und Planung zuwiderlaufen. In das neue Vertragsgesetz sind deshalb Vorschläge zur Regelung solcher Rechtsinstitute wie die Nichtwirksamkeit von Planentscheidungen oder Ausgleichsansprüche als eine Reaktion auf ungenügende Koordiniertheit im Leitungs- und Planungsprozeß nicht aufgenommen werden. Es muß bei dieser Problematik darüber hinaus berücksichtigt werden, daß aufgrund entsprechender Maßnahmen Auswirkungen von staatlichen Entscheidungen auf die materielle Interessiertheit der Werktätigen in den Betrieben grundsätzlich nicht eintreten bzw. durch andere Maßnahmen der Leitung und Planung reguliert werden. Unter welchen Voraussetzungen Ausgleichsansprüche überhaupt zweckmäßig sind, dazu gibt es gegenwärtig keine theoretisch fundierte Konzeption. Es muß auch bezweifelt werden, daß der Prozeß der Leitung und Planung mit Ansprüchen auf Geldzahlung verbunden werden kann. Die Problematik ist unter dem Gesichtspunkt weiter zu diskutieren, inwieweit solche Rechtsinstitute die Stabilität und Reaktionsfähigkeit in der Planung positiv beeinflussen können. Das muß der grundlegende Ausgangspunkt sein, der sich aus der Aufgabenstellung des Wirtschaftsrechts insgesamt ergibt, die Durchsetzung gesamtvolkswirtschaftlicher Interessen sichern zu helfen und dazu beizutragen, daß volkswirtschaftlich erforderliche Entscheidungen auch schnell durchgesetzt werden können.

Eine weitere Problematik, die für die weitere Forschungsarbeit von Interesse ist, ergibt sich aus der Regelung des Vertragsgesetzes über die Kooperationsbeziehungen innerhalb des Kombinates. Nach § 21 des Vertragsgesetzes[6] sind diese Kooperationsbeziehungen durch den Generaldirektor des Kombinates in einer Kooperationsordnung zu regeln. Dabei hat er die Grundsätze des Vertragsgesetzes zu wahren und die Stellung der Kombinatsbetriebe als eigenverantwortlich planende und abrechnende Wirtschaftseinheiten zu beachten. Unter Berücksichtigung der unterschiedlichen Organisationsstruktur der Kombinate und der weiteren Entwicklung hat der Gesetzgeber bewußt offen gelassen, was unter „Grundsätze des Vertragsgesetzes" zu verstehen ist. Daraus ergibt sich u. a. auch der Auftrag an das Staatliche Vertragsgericht, in seiner Spruchpraxis entsprechende Auslegungsregeln zu entwickeln. Die rechtswissenschaftliche Forschungsarbeit sollte sich aber nicht nur auf diese Fragestellung konzentrieren, sondern auch die sich aus der Formulierung von der Stellung der Kombinatsbetriebe als eigenverantwortlich planende und abrechnende Wirtschaftseinheiten ergebenden rechtlichen Konsequenzen untersuchen. Als ein Beispiel im Zusammenhang mit der Wahrung der Grundsätze des

Vertragsgesetzes bei der Gestaltung der Kooperationsordnungen der Kombinate möchte ich auf die Regelung der materiellen Verantwortlichkeit im Vertragsgesetz hinweisen. Es geht um die Frage, ob die Anwendung von Vertragsstrafen durch Kooperationsordnungen in den Kombinaten ausschließbar sind und inwieweit vom Grundsatz der materiellen Verantwortlichkeit überhaupt abgewichen werden kann. Meines Erachtens ist davon auszugehen, daß in den Kooperationsordnungen höhere oder niedrigere Vertragsstrafen als die gesetzlichen und Vertragsstrafen für andere Tatbestände festgelegt sowie Vertragsstrafen völlig ausgeschlossen werden können. Das ergibt sich daraus, daß die Vertragsstrafen an sich nicht Grundsatz des Gesetzes sind, sondern nur eine Form der Realisierung der materiellen Verantwortlichkeit darstellen. Aus der Verpflichtung des Generaldirektors gemäß § 21 Abs. 1 des Vertragsgesetzes, die Grundsätze dieses Gesetzes bei der Gestaltung der Kooperationsordnungen zu wahren, ist aber zu folgern, daß die materielle Verantwortlichkeit für Pflichtverletzungen als Grundsatz des Gesetzes nicht schlechthin ausschließbar ist. Es muß deshalb die Pflicht zum Ausgleich eines durch Pflichtverletzung entstandenen Schadens aufrecht erhalten bleiben.

In diesem Zusammenhang ist auch die Bestimmung des § 16 VG über den Rechtsschutz angesprochen. Verantwortungsbewußte Rechtsausübung und Rechtsschutz wurden als Grundsätze in das Vertragsgesetz aufgenommen. Für die innerkombinatlichen Beziehungen ist die Frage zu beantworten, ob die Berechtigung zur Inanspruchnahme der zuständigen Staatsorgane, insbesondere des Staatlichen Vertragsgerichts, auch für Kombinatsbetriebe gilt, wenn sie Sanktionsforderungen innerhalb des Kombinates erheben. Dabei ist zunächst davon auszugehen, daß sich aus § 21 Abs. 3 des Vertragsgesetzes wie auch aus § 23 Abs. 2 der Kombinate-VO[7] die Zuständigkeit des Generaldirektors des Kombinates für die Entscheidung von Streitfällen zwischen den Kombinatsbetrieben ergibt mit Ausnahme der Fälle des § 8 Abs. 2 der 3. DVO[8] zum Vertragsgesetz. Die Bestimmung über den Rechtschutz im Vertragsgesetz beinhaltet das Prinzip des übergreifenden staatlichen Rechtsschutzes. Wenn auch Vertragsstrafen nicht zwingend als Form der materiellen Verantwortlichkeit innerhalb des Kombinates angewandt werden müssen, so ist jedoch die insoweit in den Kooperationsordnungen getroffene Festlegung zu beachten. Sind in der Kooperationsordnung des Kombinates Vertragsstrafen für bestimmte Tatbestände vorgesehen, so darf m. E. deren berechtigte Durchsetzung durch den Generaldirektor nicht untersagt werden.

Mit diesen Beispielen soll verdeutlicht werden, daß mit der Entwicklung der Kombinate eine Reihe vertragsrechtlicher Fragen aufgeworfen sind, die der weiteren rechtswissenschaftlichen Durchdringung bedürfen. Das betrifft auch das Verfahrensrecht im wirtschaftsrechtlichen Mechanismus, z. B. die sich aus der Regelung der Aufgaben des Staatlichen Vertragsgerichts im Vertragsgesetz ergebenden Konsequenzen für die Weiterentwicklung der entsprechenden Rechtsvorschriften, wie sie gegenwärtig in Gestalt der Verordnung über die Aufgaben und die Arbeitsweise des Staatlichen Vertragsgerichts vom 12. März 1970[9] existieren.

Anmerkungen

1 Gesetz über das Vertragssystem in der sozialistischen Wirtschaft – Vertragsgesetz (VG) – vom 25. März 1982, GBl. I Nr. 14 1982, S. 293.

2 4. Tagung des Zentralkomitees der SED, 23.–24. 6. 1982. Aus dem Bericht des Politbüros an die 4. Tagung des ZK der SED, Berichterstatter: Gen. P. Verner, S. 36.

3 Gesetz über das Vertragssystem in der sozialistischen Wirtschaft (Vertragsgesetz) vom 25. Februar 1965, GBl. I Nr. 7 1965, S. 107.

4 Beschluß über das Ausgleichsverfahren für volkseigene Betriebe vom 11. Dezember 1968, GBl. II 1968, S. 1073.

5 Verordnung zur Änderung der Verordnung über die Aufgaben, Rechte und Pflichten der volkseigenen Betriebe, Kombinate und VVB vom 27. August 1973, GBl. I Nr. 39 1973 S. 405.

6 A. a. O., S. 293.

7 Verordnung über die volkseigenen Kombinate, Kombinatsbetriebe und volkseigenen Betriebe vom 8. November 1979, GBl. I Nr. 38 1979 S. 355 ff.

8 Dritte Durchführungsverordnung zum Vertragsgesetz – Wirtschaftsverträge über den Export und Import vom 25. März 1982, GBl. I Nr. 16 1982 S. 333.

9 GBl. II Nr. 29 1970 S. 209.

Siegfried Bergmann

Die Erhöhung der Wirksamkeit des Wirtschaftsrechts im Prozeß der Rechtsetzung und Rechtsverwirklichung

Die erfolgreiche Verwirklichung der ökonomischen Strategie des X. Parteitages der SED stellt an das Wirtschaftsrecht neue und höhere Anforderungen dahingehend, das sozialistische Wirtschaftsrecht so zu vervollkommnen, daß es mit größerer Effektivität zur Durchsetzung der volkswirtschaftlichen Zielstellungen beiträgt. Dabei ist stets von der Einheit von Rechtsetzung und Rechtsverwirklichung auszugehen.

Soweit es die Forderung angeht, solche Rechtsvorschriften zu gestalten, die mit großer Wirksamkeit der Durchsetzung der ökonomischen Strategie dienen, wird das Ergebnis der staatlichen Rechtsetzungstätigkeit in hohem Maße davon bestimmt,

- wie exakt die Zielstellung dieser Rechtsvorschriften den Hauptrichtungen der Wirtschaftspolitik entspricht,
- inwieweit die den Regelungsgegenstand berührenden ökonomischen Probleme richtig erkannt und
- die dazu notwendigen juristischen Lösungswege praktisch und theoretisch vorbereitet worden sind.

Für die mit Leitungsaufgaben in der Volkswirtschaft beauftragten zentralen Staatsorgane ergeben sich daraus wichtige Aufgaben; und zwar sind vor dem Erlaß neuer Rechtsvorschriften präzise Vorstellungen zu erarbeiten, welche Veränderungen in den gesellschaftlichen Beziehungen konkret erreicht werden sollen, welche staatlichen Entscheidungen dazu erforderlich sind und welche staatlichen Entscheidungen davon in Form von Rechtsvorschriften getroffen werden müssen.

Soweit es die Vorbereitung von Rechtsvorschriften betrifft, muß aus der Sicht des jeweiligen Veranwortungsbereiches vor allem Klarheit darüber bestehen, welche Verhaltensweisen von den Werktätigen und ihren Kollektiven gefordert werden, welche Probleme zur Lösung anstehen und wie sie inhaltlich und methodisch am effektivsten gelöst werden können. Erst dann kann die Sicherung dieser Verhaltensweisen durch Rechtsvorschriften erfolgen. Damit wird nicht die aktive Rolle des sozialistischen Rechts gemindert. Deutlich soll nur eines werden: Es geht um die ständige Beachtung der Einheit von Ökonomie und Recht.

Im direkten Zusammenhang damit steht die Frage, unter welchen Voraussetzungen im System staatlicher Leitungsentscheidungen der Erlaß von Rechtsvorschriften durch die zentralen Staatsorgane geboten ist. Dabei bedarf es insbesondere einer sorgfältigen Prüfung, welche ökonomischen Probleme überhaupt eine rechtliche Regelung erfordern und welches spezifisch juristisches Instrumentarium im Rahmen der als notwendig erkannten Lösungswege hierfür einzusetzen ist. Darüber gibt es in der praktischen Rechtsetzungstätigkeit immer noch Unklarheiten. Dies drückt sich z. B. darin aus, daß in Rechtsvorschriften teilweise die Rechte- und Pflichtenstruktur nicht genügend herausgearbeitet wird.

Ein weiterer wichtiger Faktor für die Erhöhung der Effektivität der Rechtsvorschriften ist die Verwirklichung der Orientierungen von Partei und Regierung zur weiteren planmäßigen Vervollkommnung des sozialistischen Rechts. Dieser Zielstellung dient der vom Ministerrat der DDR beschlossene Gesetzgebungsplan. Er ermöglicht eine planmäßige und langfristige Berücksichtigung der sich aus der ökonomischen Strategie der Partei für die Rechtsgestaltung ergebenden Erfordernisse. Im Zusammenhang damit sind fundierte Kenntnisse über die Wirksamkeit der Rechtsvorschriften von Bedeutung.

Die Leitung und Planung der Rechtsetzung ist zwar in erster Linie eine Aufgabe der zentralen Staatsorgane, jedoch ergeben sich auch für die Wissenschaft, insbesondere für die Rechtswissenschaft, daraus eine Reihe von Anforderungen: Gemäß § 11 der vom Ministerrat der DDR am 25. 7. 1980 beschlossenen „Ordnung über die Vorbereitung und Gestaltung von Rechtsvorschriften"[1] nach der wissenschaftliche Einrichtungen in die Realisierung von Maßnahmen des Gesetzgebungsplanes einzubeziehen sind, besteht eine wichtige Aufgabe der Wissenschaft darin, die für die Vorbereitung von Rechtsvorschriften verantwortlichen zentralen Staatsorgane insbesondere bei der Ausarbeitung von Analysen der Wirksamkeit von Rechtsvorschriften zu unterstützen. Für die Wissenschaft ist dies gleichzeitig ein Weg, die Zusammenarbeit mit den zentralen Staatsorganen weiterzuentwickeln, die Probleme der Praxis besser kennenzulernen und wissenschaftliche Erkenntnisse schon in einem frühen Stadium in der Praxis zu überprüfen.

Ein weiteres Problem, das in der Praxis im Zusammenhang mit der weiteren Erhöhung der Effektivität des Rechts und der Rechtsetzungstätigkeit immer wieder eine Rolle spielt, ist die Frage nach der Form, in der Rechtsvorschriften vorzubereiten bzw. zu erlassen sind.

Gegenwärtig fehlen dazu insbesondere noch praxiswirksame wissenschaftliche Grundlagen für die Herausarbeitung von Kriterien für die Festlegung der anzuwendenden Rechtsformen.

Eine weitere, damit im Zusammenhang stehende Problematik betrifft die notwendigen Beziehungen von Grund- und Ausführungsregelungen. Dabei muß davon ausgegangen werden, daß der Aufbau der Rechtsordnung in der Volkswirtschaft nach dem Prinzip „Grundsatzregelungen und Ausführungsregelungen" sich nach Auffassung der Praxis als prinzipiell richtig erwiesen hat. Weiterer Untersuchung bedarf aber beispielsweise die Frage, für welche Komplexe gesellschaftlicher Beziehungen eine Grundsatzregelung notwendig ist und nach welchen Kriterien solche Komplexe zu bestimmen sind.

Von großer Bedeutung für die Erhöhung der Effektivität der staatlichen Rechtsetzungstätigkeit wäre es aber auch, in größerem Umfange als bisher wissenschaftliche Forschungsergebnisse aus internationalen Rechtsvergleichen – unabhängig davon, ob sie auf Anforderung zentraler Staatsorgane oder aus eigener wissenschaftlicher Initiative durchgeführt werden – für die Vervollkommnung einzelner Rechtsvorschriften, aber auch für die Weiterentwicklung ganzer Regelungskomplexe zu nutzen. Auch solche Impulse können für die Planung der Gesetzgebung wirksam werden.

Ausgehend von der Einheit von Rechtsgestaltung und Rechtsverwirklichung sind unter den Bedingungen der Existenz großer Wirtschaftseinheiten in Form von Kombinaten auch die komplizierten Probleme der Rechtsverwirklichung und ihrer Leitung von zunehmender Bedeutung. Dabei geht es nicht nur um die Erarbeitung von Maßnahmen der Rechtsverwirklichung bzw. um die wissenschaftliche Analyse der Einheit zwischen Rechtsgestaltung und Rechtsverwirklichung und ihren Wechselbeziehungen, sondern um die Erarbeitung wissenschaftlich begründeter Kriterien für die Rechtsverwirklichung in den verschiedenen Ebenen. Zwar sind die Aufgaben der Ministerien und der anderen zentralen Staatsorgane, der Kombinate und Kombinatsbetriebe bei der komplexen Verwirklichung des sozialistischen Rechts trotz einheitlicher Zielstellung, wie sie sich aus der ökonomischen Strategie der Partei und den sich daraus ergebenden

Schlußfolgerungen für die weitere Entwicklung der Volkswirtschaft ergibt, recht differenziert, jedoch muß stets dem Rechnung getragen werden, daß die Verwirklichung des sozialistischen Rechts dem gesellschaftlichen Prozeß der Durchsetzung der objektiven Gesetze des Sozialismus dient. Erkenntnisse für die Gestaltung des sozialistischen Rechts entsprechend den ökonomischen Erfordernissen der Volkswirtschaft sind auch wesentlich aus Untersuchungen zur Verwirklichung des sozialistischen Rechts ableitbar.

Im Zusammenhang mit den Aufgaben der Rechtsverwirklichung in den Kombinaten und Kombinatsbetrieben stehen vor allem folgende grundlegende Fragestellungen:

- Wie kann das sozialistische Wirtschaftsrecht noch wirksamer als fester Bestandteil sozialistischer Leitungstätigkeit integriert werden und in Verbindung mit anderen Maßnahmen der Leitungstätigkeit, die sich aus ökonomischen, technischen, technologischen sowie aus leitungswissenschaftlichen Grundlagen bei der Gestaltung der betrieblichen Reproduktionsprozesse ergeben, zur weiteren Verwirklichung der ökonomischen Strategie beitragen? Dabei ist der besondere Hinweis auf die Verbindung des sozialistischen Rechts mit anderen Methoden der Leitung und Planung des betrieblichen Reproduktionsprozesses deshalb so wichtig, weil die weitere Erhöhung der Wirksamkeit des sozialistischen Wirtschaftsrechts nur durch die Sicherung der Komplexität der sich aus den ökonomischen Erfordernissen abzuleitenden Maßnahmen einschließlich der durch das Planungs-, Organisations- und Vertragsrecht gestellten Anforderungen gewährleistet werden kann. Die Integration des sozialistischen Wirtschaftsrechts als fester Bestandteil sozialistischer Leitungtätigkeit sichert dabei vor allem die Verbindlichkeit der sich aus den ökonomischen Erfordernissen für den
- Welche Verantwortung obliegt den Leitern in den verschiedenen Ebenen, um die sich aus der ökonomischen Strategie ergebenden Aufgaben konkret wahrnehmen zu können?
  Dabei ist das für die Leitung und Planung des betrieblichen Reproduktionsprozesses vorhandene rechtliche Instrumentarium aufzuzeigen, das besonders den sich aus der ökonomischen Strategie ergebenden höheren Anforderungen entspricht. Dazu gehören auch die den Leitern der Wirtschaftseinheiten rechtlich eingeräumten Dispositionsmöglichkeiten bei der Organisierung des betrieblichen Reproduktionsprozesses. Die durch die Kombinatsverordnung[2] und das Vertragsgesetz[3] für die Regelungen der Kooperationsbeziehungen zwischen den Kombinatsbetrieben gestellten grundsätzlichen Anforderungen an die Gestaltung der Kooperationsbeziehungen oder die sich aus volkswirtschaftlichen Schwerpunkten für spezielle Teilgebiete des sozialistischen Rechts, wie Wissenschaft und Technik, Investitionen, Materialökonomie u. ä., ergebenden differenzierten Rechte- und Pflichtenstrukturen erfordern eine Herausarbeitung von Schwerpunkten hinsichtlich der für die Gestaltung der Reproduktionsprozesse anzuwendenden juristischen Leitungsinstrumente.
- Wie kann in noch größerem Maße dazu beigetragen werden, daß die in Rechtsvorschriften geregelten Mitwirkungsrechte der Werktätigen, der Gewerkschaften und anderer gesellschaftlicher Organisationen insbesondere bei der Plandiskussion und Planerfüllung im Rahmen des sozialistischen Wettbewerbs noch wirksamer wahrgenommen werden?
  Diese Frage ist aufgrund der in den Kombinaten und Betrieben gegebenen Möglichkeiten für eine noch effektivere Lösung der sich aus der ökonomischen Strategie ergebenden Aufgaben von grundlegender Bedeutung. In dem Zusammenhang spielt die Wahrnehmung der Verantwortung der Leiter der Wirtschaftseinheiten hinsichtlich der Einbeziehung der Werktätigen in die Lösung der Aufgaben bei der Gestaltung des Reproduktionsprozesses eine wichtige Rolle.

– Die Sicherung der einheitlichen Durchsetzung des sozialistischen Rechts in der Leitungstätigkeit der Kombinate und Betriebe macht es erforderlich, die Möglichkeiten einer effektiveren Wirkungsweise der staatlichen, betrieblichen und gesellschaftlichen Rechtskontrolle weiter zu untersuchen und zu bestimmen. Dabei müssen die Besonderheiten der Rechtskontrolle gegenüber der allgemeinen Wirtschaftskontrolle, z. B. der Staatsbank, des Amtes für Preise, der ABI[4] und des ASMW[5], herausgearbeitet, die komplexen Verflechtungen analysiert und Schlußfolgerungen für eine effektivere betriebliche Rechtskontrolle bei der Verwirklichung der ökonomischen Strategie gezogen werden.

Anmerkungen

1 GBl. Sonderdruck 1980, Nr. 1056.
2 Verordnung über die volkseigenen Kombinate, Kombinatsbetriebe und volkseigenen Betriebe vom 8. November 1979, GBl. I Nr. 38 1979, S. 355 ff.
3 Gesetz über das Vertragssystem in der sozialistischen Wirtschaft – Vertragsgesetz – vom 25. März 1982, GBl. I Nr. 14 1982, S. 293 ff.
4 Arbeiter-und-Bauern-Inspektion der DDR.
5 Amt für Standardisierung, Meßwesen und Warenprüfung.

Ernst Winklbauer

Die Erhöhung der Effektivität des wissenschaftlich-technischen Rechtsschutzes

Der Diskussionsbeitrag hat das Anliegen, vorrangig Probleme, die im Zusammenhang mit der Komplexität des Entscheidungsprozesses aus der Sicht des einheitlich zu gestaltenden wissenschaftlich-technischen Schöpfungs-, Nutzungs- und Verwertungsprozesses auftreten, aufzuzeigen und zwar deshalb, weil in unserer Wirtschaftspraxis eine Fülle von Faktoren auf diesen einheitlich zu gestaltenden Prozeß einwirken. Durchgeführte Untersuchungen zeigen, daß in der Praxis strategisches und operatives Entscheidungsvermögen in ständigem Wechselverhältnis einzusetzen ist. Hierbei kommt dem Recht, insbesondere dem wissenschaftlich-technischen Rechtsschutz, große Bedeutung zu. Ohne diese Bedeutung in irgend einer Weise schmälern zu wollen, zeigt sich, daß es immer stärker darauf ankommt, das vorhandene rechtliche Instrumentarium noch effektiv wirksamer einzusetzen. Sicherlich ist die Forderung nach neuen rechtlichen Regelungen dann berechtigt, wenn sich bisherige Rechtsnormen als überholt, als wenig wirksam erwiesen haben. Gleichrangig jedoch ist die Forderung nach effektiveren Methoden der Anwendung des vorhandenen Rechts, der Rechtsverwirklichung zu erheben.

Die Erarbeitung von effektiveren Methoden der Anwendung des vorhandenen Rechts verlangt in verstärktem Maße das interdisziplinäre Herangehen an die Lösung der vorhandenen Probleme. Es verlangt auf dem Gebiete des wissenschaftlich-technischen Rechtsschutzes vor allem, sich der Untersuchung des Wechselverhältnisses von Recht, Ökonomie, Information und Wissenschaft und Technik zuzuwenden.

Mit der Pflichtenheft-Verordnung[1] hat der Gesetzgeber ein wichtiges rechtliches Instrumentarium zur einheitlichen Gestaltung des wissenschaftlich-technischen Schöpfungs-, Nutzungs- und Verwertungsprozesses geschaffen. Im Pflichtenheft sind die ökonomischen Zielstellungen, die wissenschaftlich-technischen Aufgabenstellungen sowie die Realisierungsbedingungen für Forschungs- und Entwicklungsprojekte auszuweisen. Damit hat der Gesetzgeber die zuständigen Generaldirektoren verpflichtet, sich unmittelbar und verantwortlich dem Zusammenhang von wissenschaftlich-technischem Niveau und ökonomischem Effekt der Forschung und Entwicklung zuzuwenden. So bestimmt § 4 Abs. 3 der Pflichtenheft-Verordnung folgendes: „Die Ziel- und Aufgabenstellungen sind im Pflichtenheft durch Berechnungen und Einzelnachweise zu begründen. Dazu gehören insbesondere:

- Weltstandvergleiche, Trend-, und Schutzrechts- und Marktanalysen, Schutzrechtskonzeption, Sicherung des Geheimnisschutzes ...,
- erfinderische, schutzrechtliche und formgestalterische Zielstellungen sowie Nachweise über die Nutzung der wissenschaftlich-technischen Information und über durchgeführte Patentrecherchen ..."

Allein daraus wird ersichtlich, mit welchen Mitteln und Methoden die Ziel- und Aufgabenstellungen zu erarbeiten und zu begründen sind. Gleichzeitig wird auf verschiedene ökonomische, marktwirtschaftliche aber auch patentinformatorische Methoden verwiesen, bei deren Anwendung wissenschaftlich exakte Daten und Parameter für die

Orientierung und Aufgabenstellung der Forschung und Entwicklung zu erreichen sind.

Die Praxis in Wissenschaft und Industrie zeigt, daß diese auf hohem Niveau konzipierte rechtliche Regelung in sehr differenzierter Weise Anwendung findet. Die Ursachen hierfür sind darin zu suchen, daß sowohl die in der Verordnung angegebenen Methoden als auch die leitungsmäßige Organisation und leitungsmäßigen Kompetenzen noch nicht genügend beherrscht werden. Allein die Tatsache, daß oft organisatorische und im Verantwortungsbereich getrennt, Weltstandsvergleiche, Schutzrechts- oder Marktanalysen vorgenommen werden, führt zu einem verhältnismäßig hohen Aufwand und vor allem zu nicht vertretbarer Doppelarbeit. Daß im Rahmen eines Weltstandvergleiches Daten verarbeitet werden, die durch die Schutzrechtsanalye auch erzielt werden und daß mit der Schutzrechtsanalyse wiederum Daten und Parameter gefunden werden, die voll im Rahmen der Marktanalyse ihre Verwendung und Aufbereitung finden können, muß berücksichtigt werden. Damit sollte nur darauf hingewiesen werden, daß die Effektivität der Rechtsanwendung sehr stark davon abhängt, wie die zur Anwendung erforderlichen Methoden und Mittel beherrscht werden. Die Erhöhung der Effektivität des Rechts wird in diesem Falle nicht durch neue normative Regelungen erzielt werden, sondern durch richtige und rationelle Anwendung der dem Recht zugrunde liegenden Informations- und Recherchemethoden.

Diesen Prozeß leitungsmäßig zu beherrschen verlangt vor allem die Erkenntnis, daß die zu erzielenden Forschungs- und Entwicklungsergebnisse in zweierlei Hinsicht als Finalprodukt verwertet werden können, was sowohl eine zeitlich differenzierte Recherche zu Beginn der Forschung erforderlich macht als auch eine differenzierte Orientierung auf die jeweiligen Markterfordernisse bereits zu Beginn der Forschung erzwingt. Die effektive Leitung und Organisation der wissenschaftlich-technischen Arbeitsprozesse setzt bei der Anwendung des normativen Rechts eine umfassende Kenntnis der tatsächlich zu gestaltenden Prozesse voraus. Es kann nicht nur darum gehen, die den wissenschaftlich-technischen Schöpfungsprozeß beherrschenden Gesetzmäßigkeiten zu erforschen und zu berücksichtigen – was für die Erzielung eines hohen kreativen Niveaus in der Forschung unabdingbar ist – sondern die Ökonomisierung der Forschung und Entwicklung verlangt, daß bereits mit Beginn der Forschung die zu erwartenden Markterfordernisse als Ziel- und Orientierungsparameter in das Pflichtenheft aufgenommen werden.

Ausgehend von der Tatsache, daß wissenschaftlich-technische Ergebnisse ihrer Natur nach in doppelter Weise als Finalprodukt der devisenbringenden Verwertung zugeführt werden können, muß auch die Einheit von wissenschaftlich-technischen und technisch-ökonomischen Parametern realisiert werden. Wissenschaftlich-technische Forschungs- und Entwicklungsergebnisse können sowohl als materialisierte Erzeugnisse – als in der Produktion angewendete Verfahren – als auch als wissenschaftlich-technische Informationen in nichtmaterialisiertem Zustand verwertet werden. Erzeugnisexport, Technologietransfer, Anlagenexport aber auch Lizenzvergabe sind die Formen, die den Verwertungsprozeß als Finalprodukt kennzeichnen. Oft kann dieser Verwertungsprozeß zeitlich auseinanderliegen, was bedeutet, daß die Zeitachse im Rahmen der durchzuführenden Recherchearbeiten und Analysen zu berücksichtigen ist.

Diese scheinbaren Selbstverständlichkeiten sind jedoch in unserer Wissenschafts- und Wirtschaftspraxis noch nicht normaler Alltag!

Tatsache ist, daß die lizenzmäßige Verwertung geschützter, erfinderischer, wissenschaftlich-technischer Ergebnisse noch zu gering ist. Selbst unter der Begründung der Lizenzvergabe im Ausland werden patentierte Erfindungen dann nicht in Lizenz vergeben, weil sie den Markterfordernissen nicht entsprechen bzw. der technisch-technologische Vorlauf bis zum Zeitpunkt der Verwertung nicht anhielt. Ursache dafür ist in vielen Fällen die Tatsache, daß keine technisch-ökonomischen Parameter der Marktentwicklung in der Forschung und Entwicklung zugrunde gelegt wurden.

Oft ist die Forschung nur auf binnenwirtschaftliche Verwertung ausgerichtet und erst nach Vorliegen des Ergebnisses wird die Möglichkeit des Auslandsexports geprüft. Die Nichtberücksichtigung von Außenmarkterfordernissen ist jedoch oft der Grund dafür, daß eine lizenzmäßige Verwertung erschwert bzw. unmöglich wird. Dazu ist zu bemerken, daß der Rechercheaufwand zu Beginn der Forschung wesentlich geringer gewesen wäre als der Verlust, der durch die Unmöglichkeit einer lizenzmäßigen Verwertung eingetreten ist.

Ausgehend davon, daß unser sozialistisches Recht darauf hinzielt, die Forschung und Entwicklung stärker aus den technisch-ökonomischen und marktwirtschaftlichen Erfordernissen leitungsmäßig zu organisieren und zu gestalten, muß dies auch für die Gestaltung der Schutzrechtsarbeit gelten.

Eine Frage, die immer wieder aufgeworfen wird und bisher noch keine genügende Antwort gefunden hat, ist die, wann die Schutzrechtsarbeit für den Außenhandel effektiv wird. Es gehört heute zum gesicherten Stand der wissenschaftlichen Erkenntnis, daß durch den Erwerb von Schutzrechten im In- und Ausland der Inhaber des Schutzrechts (des Patents, des Warenzeichens, des Gebrauchs- oder Geschmacksmusters) eine Monopolsituation besitzt, die ihm Preis- und Marktvorteile bietet. Diese Monopolsituation wird aber vom tatsächlich erreichten Niveau des wissenschaftlich-technischen Ergebnisses, der gegebenen Konkurrenzsituation, den Verkaufsbedingungen für das wissenschaftlich-technische Ergebnis usw. mitbestimmt. Das heißt, das erworbene Schutzrecht (Patent, Marke usw.) stellt die juristische Fixierung dieser Monopolsituation dar. Wie beim Erwerb von Eigentum, tritt auch mit dem Besitz des Schutzrechts kaum ein außenwirtschaftlicher Effekt ein, wenn man davon absieht, daß kein Dritter ohne Zustimmung des Schutzrechtsinhabers den Gegenstand des Schutzrechts, das wissenschaftlich-technische Ergebnis benutzen darf. Der Außenhandelseffekt tritt nur dann ein, wenn mit dem Schutzrecht Wirtschaftspolitik gemacht wird. Das aber heißt: endet die Schutzrechtsarbeit mit dem Erwerb und der Überwachung des erworbenen Schutzrechts, ist der ökonomische Effekt recht niedrig und indirekt, denn der ökonomische Effekt beschränkt sich nur darauf, daß jedem Dritten die Benutzung des schutzfähigen wissenschaftlich-technischen Ergebnisses – um beim Patent zu bleiben – untersagt oder z. B. nur gegen Entgelt gestattet ist.

International gesehen werden Patente jedoch weitaus vielfältiger genutzt. Sie dienen dazu, Kooperationsbeziehungen der verschiedensten Art herzustellen und zu gestalten. Sie dienen weiterhin dazu, Marktvergleiche abzuschließen, Interessen zeitweilig oder langfristig zu vereinen usw. Das aber bedeutet, daß die durch Schutzrechte erworbenen wirtschaftlichen Vorteile so wirksam zu machen sind, daß langfristige vorteilhafte, zum gegenseitigen Vorteil gereichende Beziehungen zwischen den Partnern zustande kommen.

In den achtziger Jahren sind auf den Weltmärkten die Wettbewerbs- und Konkurrenzbeziehungen sehr stark in den innovativen Bereich verlagert worden und der Erfolg bzw. Nichterfolg zeigt sich bereits auf dem Reißbrett, das bedeutet, daß weitaus stärker als bisher Inovationen miteinander konkurrieren werden und es ist nur zu verständlich, daß der ökonomische Bestand von wissenschaftlich-technischen Ergebnissen auf den Märkten darüber entscheiden wird, in welchem Tempo und mit welchem Niveau die materiell-technischen Grundlagen des Sozialismus/Kommunismus entwickelt werden. Es ist nicht zufällig, daß die imperialistische Bourgeoisie in immer stärkerem und umfangreicheren Maße Tempo und Umfang der Innovationsentwicklung als ausschlaggebend für die Krisenbewältigung und die wirtschaftspolitische Stellung des imperialistischen Staates wertet. Patentrecht wird dabei zu einem Mittel der extensiven Verwirklichung imperialistischer Politik.

Die sozialistische Gesellschaft hat mit ihren gesellschaftlichen Potenzen große Möglichkeiten, ihre Vorzüge mit den Ergebnissen der wissenschaftlich-technischen Revolution zu verbinden.

Auf dem Gebiete der Innovationsentwicklung und der Schutzrechtsarbeit heißt dies vor allem,

- durch strategisch orientierte Innovationsentwicklung den wirtschaftlichen Reproduktionsprozeß zielgerichtet zu bestimmen,
- durch stabile Wirtschaftsstrukturen den innovativen Entwicklungsprozeß von der Forschung und Entwicklung bis zum Absatz auf den Binnen- und Außenmärkten zu sichern und
- diesen Prozeß durch eine die Einheit des Schöpfungs- und Nutzungsprozesses sichernde arbeitsteilige Kompetenzabfolge zu garantieren.

Die Schlußfolgerungen, die daraus für die Schutzrechtsarbeit zu ziehen sind, sind die, die Schutzrechtsarbeit konzeptionell und strategisch auf das Entstehen, Schützen und Verwerten schutzfähiger wissenschaftlich-technischer Ergebnisse auszurichten, sie leitungsmäßig durch eine entsprechende Kompetenzabfolge zu gewährleisten und den Einsatz der erworbenen Schutzrechte als Instrumente unserer Wirtschaftspolitik zu sichern. Das ist aber nur möglich, wenn auch die Schutzrechtsarbeit in stärkerem Maße an den durch sie erzielten ökonomischen Ergebnissen gemessen wird. In der Wirtschaftspraxis ist davon auszugehen, daß die ökonomische Komponente der Schutzrechtsarbeit von der grundsätzlichen Zielstellung der Forschung und Entwicklung selbst bestimmt wird. So gibt es Forschungseinrichtungen, die vorrangig auf marktwirksame Forschung und Entwicklung ausgerichtet sind. Sie gehen unmittelbar und direkt von den Markttrends aus und richten ihre Erzeugnis- und Technologieninnovationen darauf, den Markterfordernissen zu entsprechen und damit entscheidend zur Erhöhung des Nationaleinkommens und zur Befriedigung der materiellen und gesellschaftlichen Bedürfnisse des Volkes beizutragen.

Die Forschungseinrichtungen dagegen, die die Rationalisierung der eigenen Produktion vorrangig zum Inhalt haben, werden stärker von eigenen nationalen Rationalisierungsbedürfnissen auszugehen und sich im technischen und technisch-ökonomischen Niveau international zu messen haben. Ein Teil der Forschung in den Akademie- und Hochschuleinrichtungen ist darauf gerichtet, gezielt wissenschaftliche und wissenschaftlich-technische Grundlagen zu schaffen. Damit eng verbunden ist die Gewährleistung und Sicherung des wissenschaftlichen, wissenschaftlich-technischen aber auch technisch-ökonomischen Vorlaufs. Dabei kann eine ökonomische Wirksamkeit zeitlich erheblich später eintreten – trotzdem muß sie im Blickfeld bleiben.

Daß die von wissenschaftlichen Einrichtungen betriebene Vertragsforschung in ihrer inhaltlichen Zielstellung von Vertragspartnern bestimmt wird, ergibt sich von selbst. Ausgehend davon, daß sie den erstgenannten Richtungen zuzuordnen ist, d. h. wissenschaftlich-technische und ökonomische Zielstellung bestimmend für die Art der Einordnung der Forschung und Entwicklung in den wirtschaftlichen Reproduktionsprozeß ist, muß die zu entwickelnde Struktur, die Aufteilung und Festlegung der Kompetenzen, Rechte und Pflichten auch dieser Zielstellung zugeordnet werden. Das rechtliche Instrumentarium, die Methoden des Wirksammachens der vorhandenen Rechtsnormen muß darauf gerichtet sein, den wirtschaftlichen Ablauf des einheitlichen Prozesses von der

Forschung bis zum Absatz optimal zu gestalten. Optimale Gestaltung heißt dabei aus der Sicht der Sicherung einer wirksamen Schutzrechtsarbeit auch, die Leiter der jeweiligen Prozeßabschnitte so wirksam einzubeziehen und zu stimulieren, daß sie sich verantwortlich fühlen, daß mit den Schutzrechten Wirtschaftspolitik gemacht wird.

Recht, Ökonomie und Information wirken auf die wissenschaftlich-technischen Schöpfungs-, Nutzungs und Verwertungsprozesse mit unterschiedlicher Priorität im Wechsel ein. Entscheidungsfindung im Rechtsverwirklichungsprozeß heißt für den, der die Entscheidung zu treffen hat, die richtige Symbiose herzustellen. Unsere Forschung sollte auch diesem Ziel dienen.

Anmerkung

1 Verordnung über das Pflichtenheft für Aufgaben der Forschung und Entwicklung – Pflichtenheft – Verordnung vom 17. 12. 1981, GBl. I Nr. 1 1982 S. 1.

Gerhard Haney

Zum Verhältnis von Recht und Ökonomie

Das Verhältnis von Recht und Ökonomie wird zwar oft betont, erwähnt und beschworen, ist aber in unserer Literatur wenig ausdrücklich behandelt. Führende Darstellungen weisen diesen Mangel aus. Meist wird der Hinweis für genügend gehalten, daß K. Marx und F. Engels bewiesen haben, daß Recht und Rechtsverhältnisse durch die ökonomischen Verhältnisse determiniert sind und die politische Gliederung und der Staat ständig aus der sozialökonomischen Gliederung hervorgehen.[1] Es wird hervorgehoben, daß dies ein Bedingt- und Bestimmtsein in letzter Instanz sei, wobei dem Überbau eine relativ selbständige Bedeutung, Gestaltung und Reaktionsfähigkeit zukomme. Das alles ist richtig und nicht bestreitbar und bildet den notwendigen Ausgangspunkt rechtswissenschaftlichen Denkens. Jedoch ist das Notwendige aber nicht in jedem Falle auch schon das Hinreichende.

Nicht selten wird kurzschlüssig ausgesprochen oder unausgesprochen gemeint, daß sich infolge der Determinanz der Ökonomie auch ökonomische Forderungen und Strategien sowohl direkt und unvermittelt im Recht niederschlagen, als auch umgekehrt, die Erfüllung bestimmter rechtlicher Normative stets von unmittelbarer ökonomischer Auswirkung sein müßten. Nun gibt es natürlich Rechtsgebiete, in denen sich der Zusammenhang zur Ökonomie weitaus unmittelbarer ausweist als in anderen; das wird im Verhältnis vom Wirtschaftsrecht zum Prozeßrecht, vom Erfinder- und Neuererrecht zum Straf- und Erbrecht deutlich.

Daraus ist zunächst einmal als ein vorläufiger Schluß abzuleiten, daß offenbar nicht alles Recht in einer gleichartigen Beziehung zur Ökonomie steht. Jedoch können aus dieser „Nähe" oder „Ferne" offenbar noch keine Schlußfolgerungen hinsichtlich der Wertigkeit der verschiedenen Rechtsmaterien abgeleitet werden. Die Anführungszeichen sollen darauf aufmerksam machen, daß dies keine sichere Distanzbestimmung ist, wie überhaupt geometrische Begriffe hinsichtlich gesellschaftlicher Prozesse trotz häufiger Verwendung noch keine volle Aussagekraft besitzen können.

Es wäre deshalb auch verfehlt, wollte man darangehen, bei den mehr oder weniger entfernteren Materien die Distanz dadurch zu überbrücken, bestimmte ökonomische Forderungen so zu übertragen, daß z. B. bestimmte Rechtsinstitute, die der Ökonomie scheinbar näher stehen, den Vorrang gegenüber anderen erhalten. Das könnte sich zum Beispiel dahin auswirken, bestimmten Eigentumsdelikten mehr Aufmerksamkeit zu schenken als Körperverletzungen und dabei wiederum zu graduieren, welche zum Arbeitsausfall in welchem Umfange geführt haben oder nicht, welche also eine unmittelbare meßbare ökonomische Auswirkung hatten oder nicht. Der Arbeits- und Gesundheitsschutz würde dann nur unter dem Aspekt seiner direkten Auswirkung auf das Arbeitskraftpotential und bei Verkehrsunfällen würde mehr die Höhe des Arbeitsausfalls und des entstandenen materiellen Schadens gesehen werden.

Das Verhältnis von Recht und Ökonomie löste sich auf diese Weise in das Streben nach numerischen Resultaten, wie die Höhe und die Verhinderung von materiellen Schäden auf. Nun ist das sicher kein unwichtiger Gesichtspunkt. Entschlüsselt er jedoch schon das allgemeine Verhältnis von Recht und Ökonomie? Offensichtlich nicht!

Im Grunde ist uns aber ein solches Denken nicht so sehr fremd. Wir tendieren zu ihm im selben Maße, wie wir z. B. sofort an das Wirtschaftsrecht und seine Vertreter, also an ein bestimmtes Ressort zu denken versucht sind, wenn das Verhältnis von Recht und Ökonomie zur Sprache kommt. Ist es überhaupt berechtigt, aus der nicht gleichartigen Beziehung des in sich verschiedenen Rechts zur Ökonomie auf ein darin liegendes verschiedenes Verhältnis von Recht und Ökonomie im allgemeinen zu schließen? Begünstigt nicht eine Annahme, die sich *allein* von der Tatsache größerer oder geringerer ökonomischer Relevanz von Rechtsmaterien und hiervon ausgehender Prioritäten leiten läßt, ein mechanisches Denken? Führt dies nicht zum Gegenteil dessen, was angestrebt wird?

Der offensichtliche Mangel eines solchen Denkens liegt darin, daß die in allen Rechtsmaterien gleichartigen Vermittlungsglieder zwischen Überbau und Basis, Subjekt und Objekt, rechtlicher Regelung und materiellen Verhältnissen dann weniger ergriffen werden. Recht vermag in keinem Falle direkt oder unvermittelt auf materielle Verhältnisse einzuwirken. Das ist gewiß eine Trivialität. Die in ihm und mit ihm gesetzten Forderungen, Ziele, Maßstäbe, Regulative vermögen sich bekanntlich nur durch das Handeln der Menschen, in ihrem und mit ihrem Verhalten umzusetzen.

Insofern ist alles Recht gleich nah oder gleich fern den objektiven, den ökonomischen und sonstigen materiellen Verhältnissen. Insofern besteht also keinerlei Unterschied zwischen den einzelnen Rechtsgebieten. Infolgedessen sind auch überall die gleichen subjektiven Übergänge, Vermittlungen und prismatischen Brechungen vorhanden und wirksam, macht es keinen Unterschied, ob es sich um Normen des Wirtschafts- und Arbeitrechts einerseits oder um solche des Zivil- und Strafrechts andererseits handelt. Deshalb ist den Ausführungen von U.-J. Heuer im Hauptreferat der Tagung durchaus zuzustimmen, wo sowohl ganz allgemein von der Rolle und dem Wert des Rechts als auch von der Bedeutung der Denk- und Verhaltensweisen bei der Realisierung rechtlicher Forderungen gesprochen und einer isolierenden Tendenz des Verhältnisses von Recht und Ökonomie auf das Wirtschaftsrecht wie damit auch einer mechanistischen Verkoppelung des Rechts überhaupt mit der Basis widersprochen wird. Ich vertrete gleichfalls die Meinung, daß das sogenannte Alltagsbewußtsein nicht abgewertet und dem wissenschaftlichen Bewußtsein gegenübergestellt werden darf. Eine bestimmte Geringschätzung des vorhandenen Bewußtseins im alltäglichen und massenhaften Sinne äußert sich beispielsweise darin, daß mancherlei Äußerungen in unserer Rechtsliteratur den Eindruck gewinnen lassen, als müßte dem einzelnen immer erst durch entsprechende Rechtsnormen gesagt werden, wie er sich zu verhalten habe. Das Alltagsbewußtsein wird sogar als Quelle rudimentärer Bewußtseinselemente disqualifiziert.[2] Weniger kommt der Gesichtspunkt ins Spiel, daß und wie Rechtsnormen auf ein massenhaftes, mit ihnen bereits im Grunde übereinstimmendes Verhalten treffen. Wenn dieser Eindruck stimmt, dann hat das natürlich bestimmte, auch letztlich ökonomisch bedeutsame Konsequenzen hinsichtlich des Maßes der gesetzten, anzueignenden und durchzusetzenden Anforderungen. Wird jedoch ausgesprochen oder unausgesprochen davon ausgegangen, daß dem einzelnen jeweils immer erst gesagt oder rechtlich förmlich vermittelt werden müßte, was er konkret zu tun, wie er sich zu verhalten habe, so wird das bei ihm vorhandene und allgemeine erwartbare Maß seiner Selbstverantwortung doch gering geschätzt. Dabei spielt es keine Rolle, aus welchen Quellen dieses Maß eigenen Selbstverständnisses für beständig geübtes Handeln und Verhalten gespeist wird, welche Formen der Erziehung, der allgemeinen normativen Aneignung und Vermittlung durch Herkunft, durch geprägte und tradierte kulturelle Prozesse, sittliche Überzeugungen, berufliche Traditionen, der allgemeinen Sozialisation hierbei wirksam gewesen sind.

Oft können diejenigen, die ein bestimmtes Verhalten als durchaus selbstverständlich empfinden – beispielsweise hinsichtlich der von ihnen ausgeübten qualitativ hochwertigen Arbeit, der Freude am Geschaffenen – die ideellen Quellen hierfür kaum benennen. Sie sind sich dessen im unmittelbar kognitiven Sinne nicht bewußt. Der einzelne hat insofern über die ihn regierenden Verhaltensbestimmungen kein Bewußtsein. Werden jedoch gerade diese Bestimmungen übersehen, als Formen des Alltagsbewußtseins unterschätzt und damit nicht in Rechnung gestellt, dann besteht die Gefahr, die Übereinstimmung mit den Anforderungen des Rechts in den Rang des Besonderen zu heben, nur weil der Weg der Aneignung dieser Anforderungen über die direkte, instrumentale, bewußtseinsmäßig kognitive Vermittlung gesehen und akzeptiert wird. Es wird dann gemeint, daß auch jedes unbewußt hiermit übereinstimmende Verhalten nur das Ergebnis bewußter kognitiver Aneignung sein könnte.

Daraus können jedoch durchaus Verschiebungen im Maß der Anforderungen entstehen, weil das rechtlich zu Vermittelnde, Anzueignende als in seiner bereits vorhandenen Existenz im alltäglichen Bewußtsein übersehen oder gering geschätzt wird. Bereits Vorhandenes wird dann als noch nicht Vorhandenes behandelt. Das ist aber nicht bloß ein quantitatives, sondern ein qualitatives Problem, wie ja im Maß überhaupt beide Seiten miteinander einhergehen. So ist dieses Maßproblem zugleich ein Wertproblem. Wird dieses zurückgewiesen bzw. wird von Kritikern dabei unterstellt, daß der Wert das Interesse und damit die instrumentale Funktion des Rechts verdränge, also unterstellt, daß die Wertbeziehung keine Form klasseninteressierter geistiger Aneignung sei, in der sich also nicht der Parteienkampf gleichermaßen wie auch sonst in ideologischer Hinsicht ausdrückt,[3] besteht immer die Tendenz, mit der Verabsolutierung der kognitiven Vermittlung der Rechtsforderungen die real geübten Verhaltensweisen insoweit in gewisser Weise zu vernachlässigen, als sie nicht das Ergebnis direkter rechtlicher Vermittlung und Aneignung sind.

Dadurch entsteht die Neigung, daß Normales, allgemein Geübtes, für das sogenannte Alltagsbewußtsein durchaus Selbstverständliches in der Wertskala zum Negativen hin verändert wird, weil es zum Annormalen, nicht Erwarteten oder gar Rudimentären rechnet. Wenn nur das in den Denkansatz genommen wird, was in direkter Befolgung des Rechts, in der direkt wissenden Aneignung seiner Forderungen sich vollzieht, dann werden massenhafte Handlungsweisen, die sich nicht auf dieser Grundlage vollziehen, als weniger beachtlich und wertvoll angesehen. Damit kann das allgemeine Anforderungsniveau durchaus im Sinne der in der allgemeinen Überzeugung liegenden Leistungserwartungen, der Erwartungen hinsichtlich von normaler, qualitätsgerechter Arbeit, von Sauberkeit, Ordnung, Disziplin und Zuverlässigkeit, von Wahrnahme der Verantwortung beeinträchtigt werden.

So geschieht es auch, daß in normativen Festlegungen wie Wettbewerbsverpflichtungen, Anweisungen, in der Überleitung von Erfahrungen, bei Auszeichnungen und anderen Hervorhebungen, das Selbstverständliche mitunter ein außergewöhnliches Maß enthält. Das geschieht z. B., wenn die Einhaltung der Arbeitszeit als eigens hervorgehobene Verpflichtung erscheint, die Miete pünktlich entrichtet wird oder eine Institution das tut, wozu sie eigens geschaffen und verpflichtet ist.

Dadurch wird die Normalität von Verhalten, von Leistungen und Bemühungen, in ihrem Wertmaß negativ verändert. Wird die normalerweise beruflich zu erbringende Leistung besonders honoriert, z. B. als zusätzlich geleistete Neuerertätigkeit angesehen und extra vergütet, dann ist die Normalität gleichermaßen verletzt als wenn allgemein geübte und erwartbare Sorgfaltspflichten, z. B. in der medizinischen Betreuung, von Eltern und Erziehern plötzlich eine besondere Hervorhebung erfahren. Wird gesellschaftliche Arbeit wie die freiwillige gemeinnützige Arbeit zum zweiten, gut bezahlten Arbeitsverhältnis, so kann sowohl die eigentliche Arbeit als auch die allgemeine gesellschaftliche Beziehung herabgemindert werden, die den Stempel des Außergewöhnlichen erhält. Etwas ganz Ähnliches ist dort vorhanden, wo gemäß den erteilten Noten nur gute und sehr gute Leistungen zu existieren scheinen, wo Beurteilungen niemals ein kritisches Wort, sondern nur Lobendes enthalten, wo Arbeitsergebnisse niemals kritisch analysiert werden und auch nicht die Frage danach gestellt wird, wie sie erzielt worden sind, wo Leistungserwartungen nur allgemein ausgesprochen und kaum individuell meßbar gemacht und abgerechnet werden.

Wenn im Referat von U.-J. Heuer allerdings nur die Seite hervorgehoben wird, daß das sogenannte Alltagsbewußtsein Bestandteil des gesellschaftlichen Bewußtseins ist – was zutreffend ist – darf jedoch nicht übersehen werden, daß darin natürlich Widersprüche der verschiedensten Art zu anderen Bewußtseinsformen schon allein durch die verschiedenen Interessenlagen existieren können und müssen. Gerade dadurch, daß das Recht herrschende Bewußtseinsform und herrschendes ideologisches Verhältnis ist, wird sich das sogenannte Alltagsbewußtsein mit ihm beständig wechselseitig bedingen und zugleich auch ausschließen.

Dieser kurze, allzu fragmentarische Exkurs sollte *erstens* besagen, daß das Verhältnis von Recht und Ökonomie zunächst einmal keine Frage nach irgendeiner besonderen Rechtsmaterie oder die Frage einer besonderen Funktion des Rechts im wirtschaftlichen Sinne ist. Sie ist eingebettet in die allgemeine Problematik der normativen Aneignung und Vermittlung, der hiermit und hierbei geltend gemachten und wirksam gewordenen Maßstäbe.

Das ist *zweitens* durchaus darin zu sehen, daß allgemeine Anforderungen ins Besondere und Einzelne transformiert werden, aber nicht ausschließlich und linear. Es muß auch beachtet werden, daß und wie das Einzelne und Besondere auch Allgemeines ist; nämlich in dem Sinne, daß das vorhandene Bewußtsein eben zugleich auch allgemeines gesellschaftliches Bewußtsein ist.

Nicht ohne Grund wird auch immer wieder in zentralen Forderungen von der notwendigen Erhöhung der Selbständigkeit der Betriebe und der Erhöhung des Verantwortungsbewußtseins des einzelnen gesprochen. So weist auch W. I. Lenin in seiner bekannten Feststellung hinsichtlich des sozialistischen Wettbewerbs darauf hin, daß mit demokratischem Zentralismus „weder die Schablone noch das Festlegen eines Schemas von oben her irgend etwas gemein haben", daß der Sozialismus erstmalig „die Möglichkeit schafft, den Wettbewerb wirklich auf *breiter* Grundlage" anzuwenden, „je mannigfaltiger, desto besser, desto reicher wird die allgemeine Erfahrung sein, desto sicherer und rascher wird der Erfolg des Sozialismus sein", wobei auch umso eher die *„organisatorischen Talente* hervortreten"[4].

Drittens ist damit auf die geltend und wirksam zu machenden Maßstäbe und damit auf das Wertproblem aufmerksam gemacht.

Oft finden sich in rechtswissenschaftlichen Arbeiten quantitative Aufforderungen, die aussagen, daß etwa „erhöht", „vertieft", „verbreitert", „erweitert", „gestärkt", „weiterentwickelt", „verringert", „zurückgedrängt", „überwunden" werden müsse, daß etwas von „großer" „wachsender" oder „zunehmender Bedeutung" sei. Das wird auf das Recht im allgemeinen, die staatliche Leitung, auf Institutionen, Rechte im einzelnen, auf Verhaltensweisen, die Gesetzlichkeit, den demokratischen Zentralismus, einzelne Rechtszweige und anderes bezogen. Solche meist richtigen Aussagen bleiben jedoch wirkungslos, wenn nicht zugleich auch die mit jedem positiv wie negativ zu veränderndem Maß verbundene qualitative Seite mitgenannt oder herausgebildet wird. Das macht natürlich Schwierigkeiten. Das kardinale Problem unserer Ökonomie ist das der Intensivierung, die Erhöhung des Wirkungsgrades der Arbeit. Steigt die Produktion schneller als die Arbeitsproduktivität, so ist damit angezeigt, daß die Faktoren der notwendigen Intensivierung nicht im gehörigen Maße wirken.

Stellt sich das Problem der Intensivierung auch für das Recht und wenn ja in welcher Hinsicht? Zunächst einmal in der schon erwähnten Weise der Geltendmachung der Maßstäbe, des entsprechenden Anforderungsniveaus, des Nichtzulassens von Unterforderungen, die sich in der krassesten Form in Rechtsverletzungen oder überhaupt in Haltungen äußern, die sich an das allgemein verbindliche Recht nicht gebunden fühlen.

Ferner kommt hinzu, daß die allgemeinen gesellschaftlichen Forderungen nach einem erhöhten Wirkungsgrad der Arbeit im Sozialismus von anderen sozialen Bedingungen ausgehen und auch auf veränderte Bedingungen gegenüber der vorausgegangenen Gesellschaft treffen. Unterdrückung und Existenzangst, Zukunftsungewißheit und Arbeitslosigkeit, Konkurrenzgeist und Profitgier sind entfallen; sie haben dem Humanismus der sozialistischen Gesellschaft Platz gemacht. Das bedeutet aber zugleich auch, daß damit daraus resultierende, höchst wirksame äußere Antriebe für Ordnung, Disziplin, Rechtsbeachtung und Rechtsdurchsetzung entfallen sind.

Die Ablösung der Existenzangst als Peitsche der Disziplinierung durch die neue sozialistische Freiheit läßt aber nicht automatisch auch eine entsprechend neue Wertorientierung an die Stelle der alten treten (das heißt, jeden auch entsprechend handeln), ja sie kann sogar zur Quelle von Undisizipliniertheiten werden, weil keine elementaren nachteiligen sozialen Folgen mehr für den einzelnen entstehen.

Intensivierung heißt deshalb auch, eine notwendig neue Disziplin durchzusetzen, dabei die erforderliche innere Umkehrung der Verhaltensrichtung zu vollziehen, das Verhältnis zum alten Staat und zum alten Recht nicht automatisch auf den sozialistischen Staat und sein Recht und die von ihm und mit ihm geforderte Disziplin zu übertragen, sondern umzukehren.[5] Diesen hier nur beispielhaft angedeuteten Paradigmenwechsel theoretisch wie praktisch zu vollziehen, wie er auch in den Erörterungen und Forderungen für die Entwicklung der sozialistischen Demokratie ausgedrückt ist, wird zum unverzichtbaren Element der Intensivierung, er ist von unmittelbarer ökonomischer Relevanz.

Hierzu gehört auch das schon angedeutete Verhältnis von Quantität und Qualität. Verändern sich Quanta, so hat das auch immer Auswirkungen auf die qualitative Seite, entstehen nicht zuletzt auch Schlußfolgerungen für das rechtlich relevante Handeln und Verhalten. So ist z. B. einleuchtend, daß und wie die Zusammenlegung der Felder in der Landwirtschaft, wie die vergrößerten Viehbestände sich sofort auf die Arbeitsorganisation, die Kenntnisse, Fähigkeiten und Anforderungen an den einzelnen auswirkten, wie dadurch die Verantwortung sich änderte, das Maß an Ordnung und Disziplin, wie hiervon das Verhältnis von Mensch und Umwelt betroffen wurde.

Die Beziehung von Lebensstandard und Lebensweise offenbart dieses Verhältnis von Quantität und Qualität gleichermaßen, so kann aus der Tatsache, daß das sich vergrößernde persönliche Eigentum vom sozialistischen Eigentum abgeleitet ist, zugleich auch nicht automatisch darauf geschlossen werden, daß jeder von ihm einen der sozialistischen Lebensweise adäquaten Gebrauch macht. Wird der hier mögliche Widerspruch nicht gesehen[6], hat das natürlich Konsequenzen für die Ausbildung sozialistischer Verhaltensweisen mit Hilfe des Rechts. Dadurch kann sowohl das Verhältnis von individueller Leistung, ihrer Bemessung und Vergütung gestört werden als auch damit zugleich ein ideeller Bruch zwischen der Entwicklung der produktiven gesellschaftlichen Bedingungen und der Mehrung des persönlichen Eigentums entstehen.

Quantitäts- und Qualitätsbestimmungen sind also immer auch subjektiv zu bewältigen, also nicht zuletzt auch von der Rechtswissenschaft geistig zu erfassen, zu reproduzieren und für das Verhalten wirksam zu machen.

Die Arbeitszeit spielt eine doppelte Rolle im Sozialismus. Einmal wird mit ihr gesamtgesellschaftlich die „richtige Proportion der verschiedenen Arbeitsfunktionen zu den verschiedenen Bedürfnissen" geregelt und zum anderen „dient sie als Maß des individuellen Anteils des Produzenten an der Gemeinarbeit"[7] auf der Grundlage der erbrachten Leistung. Sie ist also insofern von direkt qualitativer Bedeutsamkeit. Ähnlich ist das auch in anderer Hinsicht, z. B. bei der Überführungszeit wissenschaftlicher Erkenntnisse in deren produktive Nutzung oder bei der Bauzeit von Investitionsobjekten.

Da die Zeit irreversibel ist, spielen alle Zeitbestimmungen eine außerordentlich bedeutsame Rolle, löst sich doch bekanntlich alle Ökonomie in die Erkenntnis der Zeit auf, die in der Ersparung von Arbeitszeit besteht.[8] Rechtlich geregelte oder vereinbarte Fristen und Termine werden mitunter als formelle und wenig bedeutsame Begleiterscheinungen des Rechts angesehen. Sie gewinnen jedoch ihre Bedeutung dadurch, daß sie einerseits für die Erbringung von Leistungen wie für eine bestimmte rechtliche Ordnung und Gewißheit dienen, und insofern ökonomisch außerordentlich bedeutsam sind, und andererseits auf eine Limitierung der zeitlichen Ausdehnung, z. B. der Tätigkeit im Ermittlungsverfahren, gerichtet sind. Sozialismus bedeutet und fordert nicht zuletzt auch, die Zeit sinnvoll zu verwenden und Zeitvergeudung zu verbannen. Der sinnvolle oder nichtsinnvolle Gebrauch der Zeit bildet den Maßstab ihrer Verwendung.

Das Maß liegt hier außerhalb des Rechts, es wird für das Recht zur Grundlage genommen. Dadurch, daß z. B. die Zeit in bestimmter Hinsicht rechtlich relevant wird, als festgelegte Arbeitszeit oder Urlaubsgewährung, verändert sie nicht ihren eigenen Maßstab, dieser wird nur für rechtlich bedeutsam und damit in bestimmter Weise für allgemein verbindlich erklärt. Damit ist auch die bewußte Aneignung der Realität mit Hilfe des Rechts belegt. Ähnlich ist das bei rechtlich normierten Einsatzgrößen für Material, bei Standards und Herstellungsrichtlinien von Erzeugnissen oder technischen Vorschriften für die Benutzung von Produkten. Die jeweiligen technischen oder chemischen Meßgrößen liegen außerhalb des Rechts, werden rechtlich benutzt, verbindlich und bedeutsam.

In den Rechtsgebieten, die auf die Produktion und Reproduktion gerichtet sind, also Produktion, Distribution, Zirkulation und Konsumtion umfassen, wird das Maß zwar nicht ausschließlich aber weithin von der Ware-Geld-Beziehung und der notwendigen Äquivalenz bestimmt. Das äußert sich in den Wirtschaftsverträgen und auch in vielen zivilrechtlichen Beziehungen. Maß ist hier weithin das Äquivalente, seine Sicherung und Regulierung. Es ist es auch dann, wenn von ihm im Einzelfall abgewichen wird, z. B. wenn infolge von gesellschaftlichen Preisstützungen für Waren, Dienstleistungen und Mieten die Äquivalenzbeziehung im Einzelfall nicht die allgemein erforderliche Äquivalenz adäquat ausdrückt, z. B. weil keine die Kosten deckende Miete gezahlt wird. Hier besteht die Schwierigkeit darin, daß das allgemein erforderliche Maß auf dem gesellschaftlichen „Umweg" der im Einzelfall nicht sichtbaren Umverteilung des Nationaleinkommens hergestellt werden muß, um das Unausgewogene der Einzelbeziehung im Gleichgewicht zu halten. Die im Einzelverhältnis ausgedrückten Quanta sind deshalb dem gesamtgesellschaftlich Erforderlichen nicht entsprechend, sind ihnen gegenüber asymmetrisch, die erforderliche Symmetrie kann für den einzelnen nur geistig bewältigt werden, in politisch-ideologischer Sicht auf das gesellschaftliche Ganze. Inwieweit diese Asymmetrie im einzelnen fehlerhafte Wertschätzungen entstehen läßt, z. B. hinsichtlich der Vergeudung von Nahrungsmitteln, weil sie für den einzelnen billig erscheinen, sei hier nur erwähnt und nicht erörtert. Daran wird aber deutlich, daß das ökonomische Maß nicht auf die Ware-Geld-Beziehung und die Äquivalenz reduziert werden kann. Die Umverteilung des Nationaleinkommens ist immer mit politischen Zielsetzungen verbunden, so daß die Aneignung des Ökonomischen in der rechtlichen Regelung keine reine, ungebrochene Beziehung darstellt, sondern getragen ist von politisch-ökonomischen, rechtlichen Zwecksetzungen, worin sich wiederum die besondere Form der ideellen Aneignung und Vermittlung mit Hilfe des Rechts darstellt.

Hegel bemerkt zu diesem Problem „Das Maß nämlich ist die Quantität, insofern sie selbst wieder qualitativ bestimmend wird, so daß die bestimmte Qualität an eine quantitative Bestimmtheit gebunden ist. Regelmäßigkeit und Symmetrie beschränken sich hauptsächlich auf Größebestimmtheiten und deren Gleichförmigkeit und Ordnung im Ungleichen."[9]

In konkreten Rechtsverhältnissen treten die verschiedenen Quantitäts- und Qualitätsbestimmungen des Rechts nebeneinander, gleichzeitig, kumuliert, alternativ und auch widerstreitend in Erscheinung. Das könnte wiederum am Arbeitsverhältnis demonstriert werden, für das solche Begriffe wie Arbeitszeit, Arbeitsinhalt, Qualifikationsgrad, Schweregrad, Arbeitseinstellung, Motivation, Arbeitsergebnis, Leistungsbewertung, Arbeitsdisziplin, Verantwortlichkeit und andere dies andeuten.

Intensivierung in der entsprechenden Vermittlung für die Rechtswissenschaft bedeutet also, sich den konkreten Bedingungen des Maßes des Verhaltens, der Tätigkeit zuzuwenden. Es gibt einen Sprachgebrauch, der den Eindruck erweckt, als ob das Recht sich selbst realisiert. So wird durchaus üblich vom Recht und seinen Aufgaben gesprochen, vom „Zusammenwirken des Zivilrechts mit anderen Rechtszweigen bei der staatlich-rechtlichen Leitung"[10], von der Aufgabe des Rechts als Instrument der Leitung usw. Ganz ähnlich bewegt sich der Sprachgebrauch mitunter hinsichtlich der Verwendung der Wörter Plan und Planung. Nun sind Denken, Sprache und Handeln keineswegs im logischen Sinne identisch und ein ungenauer Sprachgebrauch schließt richtiges Handeln und Verhalten keineswegs aus, aber es erleichtert dieses auch nicht und ist insofern eher mit der Gefahr unrichtigen Verhaltens verbunden. Es besteht dann auch eher die Möglichkeit, daß die notwendigen Übergänge von der Festlegung zum Handeln, vom Beschluß zur Tätigkeit nicht entsprechend aufgesucht, entwickelt und dargestellt werden. Es fehlt dann auch hier an einer entsprechenden Überführung oder Organisation. Beschlossenes könnte dann als von selbst wirksam angesehen werden.

Aufgaben können nur von Menschen bewältigt werden. Diese Rolle einer Institution wie dem Recht zuzumessen bedeutet, sie vom Handeln und Verhalten, von der Tätigkeit und damit der Lebensweise zu trennen und sie zur selbsttätig wirkenden Überinstitution zu machen. Aufgabe ist immer Aufgegebenes im Sinne von etwas, das tätig ausgeführt werden muß. Hierbei gibt es dann lohnende, leichte, schwere, dringende, interessante und ähnlich benannte Aufgaben. Die vielfach berufene Aufgabe des Rechts ist prinzipiell Aufgabe der zu organisierenden Tätigkeit. So wird auch von der Forschungs-, Plan- und Hauptaufgabe gesprochen. Je mehr übrigens von den Aufgaben des Rechts in unserer Literatur geredet wurde, desto weniger wurden Prinzipien oder allgemeine Grundsätze der Gestaltung des Rechts, seiner Anwendung und Durchsetzung dargelegt.[11]

Soll also der Bezug des Rechts zur Ökonomie hergestellt werden, darf die notwendige Aktivität des Subjekts (im weitesten Sinne des Wortes auch in seiner juristisch-institutionellen Bedeutung) nicht zur beiläufigen Angelegenheit, sondern muß sie zum tragenden Gestaltungs- und Darstellungsprinzip für das Recht werden, um nicht zuletzt auch die

Selbstbestimmung des einzelnen und seine Identifikation mit sich in der gesamtgesellschaftlichen Dimension herzustellen.

Die Frage nach dem Sinn oder der Bedeutung des Sozialismus ist deshalb theoretisch gesehen die Frage nach der Gestaltung der subjektiven Seite, nach der Bedeutung der subjektiven Faktoren auf der Grundlage und im Zusammenhang mit den objektiven Bedingungen. Das spiegelt sich wider in der zunehmenden Rolle, Funktion und Bedeutung der allgemeinen subjektiven Seite, wie sie sich in der Arbeiterklasse insgesamt ausdrückt, in ihrer Partei, ihrem Staat, ihrem Recht, ihrer Lebensweise, in der Bildung, der Kultur, der Freiheit. Gleichheit, Gerechtigkeit, der Sicherheit. Das äußert sich aber zugleich auch in der individuellen subjektiven Seite, dem Verhalten, der Lebenseinstellung jedes einzelnen, in den Anforderungen an jeden Bürger, in seiner Persönlichkeitsentwicklung.

Beide Seiten, die allgemeine wie die individuelle, müssen in ihrem Zusammenhang gesehen werden. So wird von den volkswirtschaftlichen Aufgaben im allgemeinen gesprochen und zugleich hervorgehoben, daß sie vor allem als ein „Anspruch an die fleißige und schöpferische Arbeit, an das Können und die Verantwortung jedes einzelnen"[12] zu verstehen sind.

Mehr und mehr erscheinen verbreitet solche Stichworte wie Aktivität und Schöpfertum, Leidenschaft und persönliches Engagement, Initiative und Selbständigkeit, Freiheit und Disziplin, Pflichtbewußtsein und Gewissenhaftigkeit, Verantwortung und Verantwortungsbewußtsein, Arbeitsmoral und Liebe zur Wissenschaft, Kollektivität und Individualität, Zufriedenheit und Fähigkeit, Wille und Handeln. Das besagt auch nichts anderes, als daß darin das Umfassende, Durchgängige und zugleich Tiefgreifende der Gestaltung der subjektiven Seite ausgedrückt ist, daß und wie sie immer mehr zu einem qualitativ veränderten Wachstumsfaktor der Lebensformen und Lebensweise der sozialistischen Gesellschaft und jedes einzelnen wird. Das Mittel Recht muß hieran unmittelbar Anteil haben. Die Rechtsordnung muß deshalb als System der Tätigkeit, der Aktivität der sozialistischen Gesellschaft verstanden und entwickelt werden.

Deshalb darf das Recht nicht isoliert werden, weder von anderen Bewußtseinsarten noch von der praktischen Tätigkeit. Bei der Durchsetzung von Ordnung und Sicherheit als unerläßlichem Faktor sozialistischer Lebensweise spielen nicht nur enge rechtliche Gesichtspunkte und häufig nicht mal vorrangig eine Rolle, sondern ebenso Fragen der Arbeitsfreude, des Arbeitsklimas, der beruflichen Ehre, allgemeiner Umgangsformen, des kulturellen und ästhetischen Sinns, der Bildung, also allgemeine Wertorientierungen.

Hierbei muß auch der innere Zusammenhang zu anderen Normensystemen gesehen werden. Wenn U.-J. Heuer in seinen Ausführungen darauf hinweist, es gäbe außer dem Recht „kein anderes Normensystem, das in so umfassender und den einzelnen unmittelbar weitgehend eindeutig berechtigender und verpflichtender Weise Ideologie wirksam umzusetzen in der Lage ist, Ideologie und Organisation verbindet"[13], so ist das cum grano salis zu nehmen. Er übersieht hierbei, daß die politischen Normen ebenfalls umfassend angelegt sind und wirken, ideologieträchtiger sind als alle anderen Normensysteme (siehe die Parteiprogramme), ihr Verpflichtungsgrad für den einzelnen sicherlich anders ist, nicht aber der Grad der Geltung und Wirksamkeit. Ähnliche Erwägungen könnten für die Moral, für Organisationsnormen und andere angestellt werden. Es ist hier kein Mehr oder Weniger in der Wirkung und Verbindlichkeit, das den Unterschied ausmacht, es ist die Spezifik der Normensysteme, die sie, bedingt durch die notwendig unterschiedliche normative Aneignung durch die Subjekte, unterschiedlich hervortreten läßt, zugleich aber den inneren Zusammenhang wie auch den Widerspruch zwischen ihnen offenbart.

Um die Eingangsfrage nach der „Ferne" oder „Nähe" zur Ökonomie wieder aufzunehmen: Sie erweist sich als nicht geeignet, das Verhältnis von Recht und Ökonomie in nennenswerter Weise zu klären. Die Gesamtheit des Rechts muß den Ausgangspunkt bilden, die ihrerseits nicht aus der Einbettung in die gesellschaftliche Formation herausgelöst werden kann, um das Recht für die weitere Formung des sozialen Rhythmus so zu gestalten und anzuwenden, daß die schöpferischen Kräfte des Menschen fortschreitend freigesetzt werden.

Anmerkungen

1 Marxistisch-leninistische Staats- und Rechtstheorie, Lehrbuch, 3. Aufl., Berlin 1980, S. 15.
2 Vgl. z. B. Strafrecht. Allgemeiner Teil, Lehrbuch, Staatsverlag der DDR, Berlin 1976, S. 5.
3 Vgl. hierzu die Philippika per Gelegenheit eines Nachwortes von K. A. Mollnau, in: Effektivität der Rechtsnormen, Berlin 1982, S. 242 ff.
4 W. I. Lenin, Wie soll man den Wettbewerb organisieren?, in: Werke, Bd. 26, Berlin 1961, S. 402 ff, 412–214.
5 Vgl. W. I. Lenin, Die nächsten Aufgaben der Sowjetmacht, in: Werke, Bd. 27, Berlin 1960, S. 205, 234, 244, 260.
6 Zivilrecht, Lehrbuch, Teil 1, Berlin 1981, S. 143.
7 K. Marx, Das Kapital, Erster Band, in: Marx/Engels, Werke, Bd. 23, Berlin 1962, S. 93.
8 K. Marx, Grundrisse der politischen Ökonomie, Berlin 1953, S. 599.
9 F. Hegel, Ästhetik, Band 1, Berlin – Weimar 1976, S. 139.
10 Grundriß Zivilrecht, Heft 1, Grundfragen des sozialistischen Zivilrechts, Berlin 1977, S. 27.
11 Das Lehrbuch Staatsrecht der DDR, Berlin 1977, spricht hingegen richtigerweise von „Prinzipien der Grundrechtsverwirklichung“, S. 194 ff und von „Aufgaben der Volksvertretungen“, also für Subjekte, S. 244 ff.
12 Bericht des Zentralkomitees der Sozialistischen Einheitspartei Deutschlands an den IX. Parteitag, Berichterstatter: Gen. E. Honecker, Berlin 1976, S. 43.
13 Siehe Beitrag U.-J. Heuer, Die Wirtschaftsstrategie des X. Parteitages und die Erhöhung der Wirksamkeit des Wirtschaftsrechts in dieser Abhandlung, S. 20.

Autorenverzeichnis

Prof. Dr. Uwe-Jens Heuer
Institut für Theorie des Staates und des Rechts der Akademie der Wissenschaften der DDR

Prof. Dr. Gerhard Walter
Erster Stellvertreter des Vorsitzenden des Staatlichen Vertragsgerichts der DDR

Dr. Siegfied Bergmann
Ministerium der Justiz der DDR

Prof. Dr. Ernst Winklbauer
Sektion Rechtswissenschaft der Humboldt-Universität, Berlin

Prof. Dr. Gerhard Haney
Sektion Staats- und Rechtswissenschaft der Friedrich-Schiller-Universität, Jena

ABHANDLUNGEN
DER AKADEMIE DER WISSENSCHAFTEN DER DDR

Abteilung Veröffentlichung der Wissenschaftlichen Räte

Aus den Tagungen des Rates für staats- und rechtswissenschaftliche Forschung der Akademie der Wissenschaften der DDR erschienene Veröffentlichungen

Jahrgang 1979

Nr. 1 Tendenzen und Erscheinungsformen des aggressiven und reaktionären Wesens des imperialistischen Staates und Rechts
1979, 147 Seiten – Gr. 8° – 15,– M
Bestell-Nr. 753 669 7 (2010/79/1W)

Nr. 4 Demokratie, Freiheit und Menschenrechte in der entwickelten sozialistischen Gesellschaft
1979, 116 Seiten – Gr. 8° – 10,50 M
Bestell-Nr. 753 736 6 (2001/79/4W)

Jahrgang 1980

Nr. 1 Staat – Recht – wissenschaftlich-technischer Fortschritt
1980, 83 Seiten – Gr. 8° – 9,– M
Bestell-Nr. 753 842 2 (2010/80/1W)

Jahrgang 1981

Nr. 1 Staat, Recht und sozialistische Volkswirtschaft
1981, 66 Seiten – Gr. 8° – 6,50 M
Bestell-Nr. 753 936 1 (2001/81/1W)

Nr. 4 Die Herausbildung und Entwicklung junger Nationalstaaten. – Tendenzen ihrer Verfassungsentwicklung
1981, 87 Seiten – Gr. 8° – 8,50 M
Bestell-Nr. 753 969 5 (2001/81/4W)

Jahrgang 1982

Nr. 1 Grundprobleme der rechtlichen Verantwortlichkeit
1982, 70 Seiten – Gr. 8° – 8,50 M
Bestell-Nr. 754 031 1 (2001/82/1W)

Jahrgang 1983

Nr. 1 Zur Rechtsentwicklung im Prozeß der sozialistischen ökonomischen Integration
1983, 64 Seiten – Gr. 8° – 6,– M
Bestell-Nr. 754 254 4 (2001/83/1W)
Nr. 2 Rechtswissenschaft und Gesetzgebung
1983, 70 Seiten – Gr. 8° – 7,50 M
Bestell-Nr. 754 255 2 (2001/83/2W)

ISSN 0302-8054

Bei Fragen zur Produktsicherheit wenden Sie sich bitte an:
If you have any questions regarding product safety,
please contact:

Walter de Gruyter GmbH
Genthiner Straße 13
10785 Berlin
productsafety@degruyterbrill.com